KB203820

회개

마틴 로이드 존스

D. Martyn Lloyd-Jones

Out of the Depths

Studies in Psalm 51

마틴 로이드 존스

회개

강봉재 옮김

복 있는 사람

마틴 로이드 존스
회개

2006년 11월 24일 초판 1쇄 발행
2014년 7월 15일 초판 20쇄 발행
2014년 11월 14일 2판 1쇄 발행
2024년 10월 25일 2판 12쇄 발행

지은이 마틴 로이드 존스
옮긴이 강봉재
펴낸이 박종현

(주) 복 있는 사람
주소 서울특별시 마포구 연남동 246-21(성미산로23길 26-6)
전화 02-723-7183(편집), 7734(영업·마케팅)
팩스 02-723-7184
이메일 hismessage@naver.com
등록 1998년 1월 19일 제1-2280호

ISBN 978-89-6360-141-0 03230

이 도서의 국립중앙도서관 출판예정도서목록(CIP)은
서지정보유통지원시스템 홈페이지(http://seoji.nl.go.kr)와 국가자료공동목록시스템(http://www.nl.go.
kr/kolisnet)에서 이용하실 수 있습니다. (CIP제어번호 : CIP2014031525)

Out of the Depths
by D. Martyn Lloyd-Jones

차례

마틴 로이드 존스가 제 삶 속으로 들어왔을 때 저는 그리스도를 영접한 지 일주일밖에 안 되었습니다. 하나님은 놀랍고도 과격한 방식으로 역사하셔서, 워싱턴 D.C.에서 휴가 중이던 저와 제 아내 둘 다 예수 그리스도를 믿게 하셨습니다. 워싱턴에 갔을 때 우리는 죄 가운데 죽은 상태였지만, 돌아올 때는 복음 전파를 통한 새 생명으로 가득 찼습니다.

　우리는 그리스도인의 삶에 대해 백지상태였음에도 발걸음은 어느새 기독교 서점으로 향하고 있었습니다. 당시에는 부적절한 가르침으로 가득한 책을 읽으면 영적으로 해로울 수 있다는 생각은 꿈에도 하지 않았습니다. 그날 세 권의 책—J. I. 패커의 『하나님을 아는 지식』*Knowing God*, 마틴 로이드 존스의 『로이드 존스 교리 강좌 시리즈』*Great Doctrines of the Bible* 1권과 2권—이 제 눈을 단번에 사로잡았습니다. 이는 하나님의 섭리였습니다. 저는 이 두 저자가 어떤 사람인지, 그들이 어떤 관계이고 어떤 공동 노력을 기울였는지, 혹은 그들의 신학이 어떠한지 전혀 알지 못했습니다. 하지만 이 책들을 옆구리에 끼고 나오는 제 발걸음은 경쾌했습니다. 저는 하나님이 어떤 분이신지, 성경의 가르침이 무엇인지 알고 싶었습니다.

이 책들을 읽으면서 저는 그리스도인의 삶이라는 여정을 시작하게 되었습니다. 로이드 존스는 제가 그의 책을 손에 넣기 15년 전쯤 하늘의 상급을 받으러 떠났지만, 제가 그리스도인으로 살아가는 데 처음으로 지대한 영향을 끼쳤습니다. 저는 『로이드 존스 교리 강좌 시리즈』 말고도 그가 쓴 다른 책들을 걸신들린 듯 닥치는 대로 읽으면서 그의 제자가 되었습니다.

20세기의 가장 뛰어난 설교자 중 하나로 꼽히는 데이비드 마틴 로이드 존스는 1899년 12월 20일 웨일스 카디프에서 헨리 로이드 존스와 막달렌 로이드 존스의 자녀로 태어났습니다.[1] 로이드 존스는 이따금 자신의 어린 시절과 중등학교 시절을 회상하면서, "저는 단 한 번도 청소년 시절을 보낸 적이 없습니다."[2]라고 토로하곤 했습니다. 그러한 고백은 젊은 마틴이 자신의 공부를 끝마칠 때쯤 처하게 된 어려운 집안 형편에서 비롯되었습니다. 경제적 궁핍은 젊은 마틴을 진지하고 학구적인 사람으로 바꾸어 놓았고, 그의 이러한 자세는

---

1. 로이드 존스의 생애에 대해 자세히 알려면 이안 머레이가 쓴 다음 두 권을 보라. *D. Martyn Lloyd-Jones: The First Forty Years, 1899-1939*(Edinburgh: Banner of Truth, 1982), *D. Martyn Lloyd-Jones, The Fight of Faith, 1939-1981*(Edinburgh: Banner of Truth, 1990). (『로이드 존스 평전 1, 2, 3』 부흥과개혁사) 추천의 글에서 언급한 로이드 존스의 생애에 대한 대부분의 정보는 그에 대한 공식 전기인 이 책을 참조했다.

2. Iain H. Murray, *D. Martyn Lloyd-Jones: The First Forty Years, 1899-1939*, p. 40.

평생 지속되었습니다.

젊은 마틴은 중등학교를 다니면서 의학에 대한 관심을 키웠습니다. 열여섯 살이 되었을 때 마틴은 런던의 세인트 바돌로메 병원에 적을 두었습니다. 16세기에 설립된 이 병원은 내과 및 외과에서 쟁쟁한 의사들의 계보를 자랑하는 교육 중심의 병원으로 유명했습니다. 1921년 10월 로이드 존스는 의학사 학위Bachelor of Medicine와 외과의 학사 학위Bachelor of Surgery를 받았습니다. 얼마 후에는, 30대에 에드워드 7세 왕의 주치의를 역임했고 할리 가에서 개업의로 이름을 떨치고 있던 토머스 호더 경과 함께 진료를 시작했습니다. 로이드 존스는 천재적인 의사로 널리 알려진 호더 경과 친분을 쌓았습니다. 의사로서 그의 앞날은 탄탄대로처럼 보였습니다.

1914년 로이드 존스는 웨일스를 떠나 런던으로 공부하러 가기 전에 담임목사와 가족들의 권유로 세례를 받았습니다. 하지만 그는 1920년대 초반과 중반 사이 어느 시점에서 자신이 아직 거듭나지 않았음을 깨달았습니다. 기독교 가정에서 자랐고 교회를 빠지지 않고 출석했으며, 겉보기에 그리스도인의 삶을 살았음에도 그리스도인이 아니라는 자각이 든 것입니다. 이 당시 로이드 존스는 세 가지 문제로 괴로워한 것 같습니다. 그것은 교리에만 치중한 설교를 듣는 일, 1918년에 형이 그리고 4년 후에 아버지가 세상을 떠난 일, 죄야말로 인간이 직면한 가장 근본적인 문제라는 깊은 인식이었습니다. 하나님의 은혜로 자신이 죄인임을 점차 깨닫게 되면서 마침내 그는

회개하고 주 예수 그리스도를 받아들였습니다.[3]

회개 이후 그의 삶과 우선순위는 확 달라졌습니다. 로이드 존스는 교회가 후원하는 문학 및 토론 모임에서 말씀을 전하기 시작했습니다. 로이드 존스 박사가 이때 전한 말씀은 그의 가슴 속에서 은밀하게 자라고 있던 새로운 씨앗, 즉 복음을 전하고 싶은 열망이 피워낸 최초의 꽃이었습니다. 그는 복음사역이라는, 자신이 받은 소명과 조용히 씨름했습니다. 로이드 존스는 소명에 대한 확신을 갖고 싶었고 사람들의 의견에 흔들리고 싶지 않았습니다. 1926년 씨름이 끝나자 그는 강단과 교회로 발걸음을 돌렸습니다. 의료계와 많은 지인들은 깜짝 놀랐습니다.

1927년 로이드 존스는 베단과 결혼하면서 자신의 고향 웨일스에서 첫 목회를 시작했습니다. 로이드 존스는 정규 신학교육을 받지 않은 터라, 샌드필즈의 작은 감리교회에서 사역하려면 교단의 특별 허가가 필요했습니다.[4]

샌드필즈에 도착하기에 앞서, 지역 언론에서는 로이드 존스가 잘나가는 의사직을 버리기로 한 결단을 자세히 보도하면서 그를 널리 알렸습니다. 그런데 로이드 존스가 강단에 선 지 얼마 안 되어 사

---

3. 같은 책, pp. 67-64.
4. 로이드 존스가 샌드필즈에서 어떻게 살았고 사역했는지를 짧게 회상하는 글에 관심 있는 독자는 베단 로이드 존스가 쓴 *Memories of Sandfields*(Edinburgh: Banner of Truth, 1983)를 보라. (『샌드필즈의 추억』복 있는 사람)

람들은 이 젊은 목회자의 특이한 설교 스타일을 화제로 삼았습니다. 그는 여느 웨일스 설교자들처럼 **열변**을 토하듯이 말씀을 전하지 않았습니다. 그들의 열변에는 무아지경의 감정과 음악적 억양이 어우러져 있었습니다. 그 당시 열변을 토하듯이 하는 설교는 웨일스 출신임을 드러내는 뚜렷한 표지였습니다. 이안 머레이[Iain H. Murray]는 이렇게 말합니다. "로이드 존스 박사는, 설교자들이 교인의 비위를 맞추기 위해 인용하는 많은 예화와 사례들을 부자연스럽다고 본 것처럼 '열변' 또한 효과를 노리기 위한 인위적 수단이라고 비판했습니다. 이에 반해 중심 주제를 꼼꼼히 분석하는 그의 설교는 면밀한 추론과정을 요했습니다. 참된 설교는 무엇보다 마음에 큰 울림을 준다는 것이 그의 지론이었습니다." 이렇게 탄생한 로이드 존스의 강해설교는 평생 지속되어, 웨일스와 잉글랜드를 넘어서 전 세계 교회에 축복이 되었습니다.

1938년 로이드 존스는 샌드필즈를 떠나 런던의 웨스트민스터 채플에서 G. 모건[Morgan] 박사와 함께 사역을 하게 되었습니다. 1943년 7월 모건 박사는 목회사역에서 떠난다고 공개 선언했습니다. 급작스레 단독 목회를 하게 되면서 로이드 존스의 리더십이 빛을 발하기 시작했습니다.[5] 그가 이 교회를 맡으면서 웨스트민스터 채플은, 찰스 스펄전이 저명한 메트로폴리탄 태버내클[Metropolitan Tabernacle]에서 사역한

---

5. Iain H. Murray, *D. Martyn Lloyd-Jones: The Fight of Faith, 1939-1981*, chapter 6 "Westminster Chapel, 1943-44"를 보라.

이래로 영국에서 명실공히 가장 뛰어난 설교목회의 요람이 될 터였습니다.

로이드 존스의 매우 독특하면서 힘찬 설교의 비결은 무엇일까요? 여러분이 지금 읽고 있는 이 책이 답을 제시합니다. 시편 51편을 묵상한 『회개』는 영혼을 살찌울 뿐 아니라 로이드 존스가 하나님의 섭리 가운데 남다른 설교자가 된 과정을 분명히 보여줍니다.

첫째로, 로이드 존스는 복음전도자였습니다. 그의 딸 레이디 엘리자베스 캐서우드는, 자신의 아버지가 철두철미 복음전도자임을 알지 못하면 설교자인 그를 제대로 이해하는 게 아니라고 말합니다.[6] 이 책에 실린 네 편의 설교에서, 우리는 잃어버린 영혼들을 향한 로이드 존스 박사의 연민과 관심을 엿볼 수 있습니다. 그는 예수 그리스도의 구원 능력을 알게 하고, 사람들에게 회개하고 믿음을 받아들이라고 말합니다. 로이드 존스의 설교에서 우리는 영혼을 구하려는 그의 뜨거우면서도 절박한 심정을 읽을 수 있습니다.

둘째로, 로이드 존스는 임상의(臨床醫)였습니다. 여러분은 병동에서 의사를 내쫓을 수 있지만 의사의 예리한 해부용 메스는 없애지 못합니다. 그는 다름 아닌, 인간의 가장 근본적 질병인 죄를 진단하고 치료하는 의사가 되었습니다. 로이드 존스는 임상의학에서 사용

---

6. "D. Martyn Lloyd-Jones: Reflections on His Life and Ministry"는 레이디 엘리자베스 캐서우드가 프레드 경과 가진 인터뷰다. 이 인터뷰는 http://www.gmarks.org/audio/d-martyn-lloyd-jones-reflections-his-ministry-his-family에서 확인할 수 있다.

하는 용어로 자신의 설교를 기술했습니다. "제 설교의 출발점은 제가 귀담아 들어야 할 사람, 곧 환자입니다. 이는 사실상 의학적 접근입니다. 여기에 환자, 고통 중에 있는 사람, 돌팔이 의사를 찾아갔던 어리석은 사람이 있습니다. 제가 서론에서 이런 사람들을 다루는 것은 그 때문입니다."[7] 네 편의 설교를 읽다 보면 진료 중인 외과의가 자신의 청중들에게 치유를 전하는 모습을 보게 될 것입니다.

셋째로, 로이드 존스의 설교는 성경과 교리에 충실했습니다. 설득력 있는 주장을 위해 교리라는 벽돌 위에 교리라는 벽돌을 쌓아 올리는 로이드 존스의 자세는 신중하면서도 호감이 갑니다. 그런 의미에서 그의 설교 스타일은 청교도적입니다. 그는 늘 성경이라는 원자료를 붙들었습니다. 로이드 존스의 설교를 읽거나 듣다 보면, 충분히 확대되고 설명이 된 하나님의 말씀과 진리라는 소나기가 잇따라 내려 처음에는 살짝 젖다가, 그다음에는 흠뻑 젖다가, 그다음에는 완전히 젖다가, 그다음에는 물속에 잠기다가 마침내 둥실 떠오르는 느낌이 들 것입니다. 그는 단순히 설교자가 아닌 **하나님의 말씀**을 전하는 설교자였습니다.

넷째로, 로이드 존스의 설교는 목회 중심적이었습니다. 그는 차가운 정통교리나 단순한 임상 진리를 전하는 사람이 아니었습니다.

---

7. Iain H. Murray, *The First Forty Years*, p. 147. 로이드 존스의 설교관에 대해 자세히 알려면 D. Martyn Lloyd-Jones, *Preaching and Preachers*(Grand Rapids, MI: Zondervan, 1972)를 보라. (『설교와 설교자』 복 있는 사람)

그의 설교에는 애정 어린 관심에서 드러나는 뜨거운 열정과 따뜻함이 있습니다. 그의 설교는 최선의 의미에서, 더없이 신실하고 기운을 북돋우는 방식으로 교리적입니다. 그가 내리는 설교에 대한 정의에도 이러한 요소들이 결합되어 있습니다.

설교란 무엇입니까? 불붙은 논리입니다! 마음을 움직이는 이성입니다! 두 가지가 서로 모순되는 것 같습니까? 결코 그렇지 않습니다. 바울을 비롯한 여러 사람들에게서 볼 수 있듯이 이 진리와 관련된 이성은 사람의 마음을 강하게 움직입니다. 설교는 불붙은 신학입니다. 불붙이지 못하는 신학은 결함이 있는 신학이라는 것이 저의 주장입니다. 아니면, 적어도 신학에 대한 설교자의 이해에 결함이 있다고 해야 할 것입니다. 설교는 불붙은 인간에게서 나오는 신학입니다. 진리를 참으로 이해하고 경험한 사람은 반드시 불붙게 되어 있습니다. 이런 일들에 대해 아무 감정 없이 말할 수 있는 사람은 강단에 설 자격이 전혀 없는 것이므로 강단에 서도록 허락해서는 안 됩니다.[8]

마지막으로, 그리고 가장 중요한 것은 로이드 존스의 설교가 하나님의 위대하심에 초점을 맞추었다는 사실입니다. 그는 이렇게 썼습니다.

8. D. Martyn Lloyd-Jones, *Preaching and Preachers*, p. 97.

설교의 주된 목적은 무엇입니까? 저는 다음과 같이 생각하기를 좋아합니다. 설교의 주된 목적은 사람들에게 하나님과 그분의 임재를 느끼게 해주는 것입니다. 전에도 말했지만, 몸이 아팠던 지난해에 저 자신이 설교하지 않고 남의 설교를 들을 수 있는 기회와 특권을 얻었습니다. 신체적으로 약해진 상태에서 설교를 통해 제가 얻고자 고대하며 기다렸던 것은 하나님과 그분의 임재였습니다. 설교자가 하나님을 느끼게만 해준다면, 내 영혼을 위해 무언가를 해주기만 한다면, 자질은 좀 부족하더라도 지극히 위대하고 영광스러운 내용을 다루고 있다는 느낌을 주기만 한다면, 하나님의 영광과 위엄, 나의 구주 되신 그리스도의 사랑, 복음의 장엄함을 희미하게라도 보여주기만 한다면, 저는 설교문이 형편없는 것뿐 아니라 그 어떤 잘못이라도 기꺼이 용서할 수 있습니다. 설교는 인간이 몰두할 수 있는 일 중 더없이 놀랍고 더없이 가슴 벅찬 활동입니다. 현재 우리 모두에게 그 모든 것을 제공하고, 영원한 미래에 영광스러운 무한한 가능성을 펼치기 때문입니다.[9]

저는 그리스도인으로 살아오는 내내 로이드 존스 박사를 사랑했습니다. 그는 설교를 통해 저를 가르치고 멘토 역할을 해주었습니다. 로이드 존스와 친분이 있는 사람이라면 이 설교집의 재출간을 두 손 들어 환영할 것입니다. 독자 여러분 앞에 놓여 있는 보물과 우아

---

9. 같은 책, pp. 97-98.

함이 어떠한지는 굳이 말씀드리지 않겠습니다. 로이드 존스를 처음 접하는 사람들에게, 하나님의 쓰임을 받아 많은 영혼을 영원히 변화시킨 사람을 소개하게 되어 저로서는 정말 기쁘고 영광스럽습니다. 여러분에게도 그런 일이 일어나기를 소망합니다.

타비티 M. 안야빌리

그랜드 케이먼 제일침례교회First Baptist Church of Grand Cayman 담임목사

서문

본서를 독자들에게 선보일 수 있는 영광을 누리게 된 것을 기쁘게 생각합니다. 이 책은, 1949년 10월 웨스트민스터 채플에서 주일 저녁예배 시간에 시편 51편을 주제로 행한 네 차례의 설교로 구성되어 있습니다.

본서는 로이드 존스 목사가 구약성경을 주제로 설교한 것을 책으로 엮은 최초의 설교집은 아닙니다. 앞으로 더 많은 설교집이 출간되었으면 하는 마음 간절합니다. 이 설교집을 보니 오랜 세월 주일 저녁을 남편과 함께 보냈던 시간들이 아름다운 추억으로 떠오릅니다.

저는 누가복음 24:44-45을 읽을 때마다, 우리 주님께서 당신의 제자들에게 구약의 복음을 설교하셨던 그 아름다운 공동체에 우리도 함께했더라면 얼마나 좋았을까 하고 생각해 봅니다. 하지만 주님께서는 길을 인도하셨으며, 성령께서는 당신의 종들을 사용하셔서 우리를 일깨우실 것입니다. 하나님께서 이 책을 통해 여러분의 영혼을 살찌우시기를 기원합니다. 주님께 영광을 돌립니다.

베단 로이드 존스

1.

죄인의
고백

시 51:1-5

하나님이여, 주의 인자를 따라 내게 은혜를 베푸시며
주의 많은 긍휼을 따라 내 죄악을 지워 주소서.
나의 죄악을 말갛게 씻으시며 나의 죄를 깨끗이 제하소서.
무릇 나는 내 죄과를 아오니 내 죄가 항상 내 앞에 있나이다.
내가 주께만 범죄하여 주의 목전에 악을 행하였사오니
주께서 말씀하실 때에 의로우시다 하고 주께서 심판하실 때에 순전하시다 하리이다.
내가 죄악 중에서 출생하였음이여 어머니가 죄 중에서 나를 잉태하였나이다.

시편 51편이 구약성경에서 회개의 문제에 관한 고전적 진술이라는 데는 누구나 동의하리라 생각합니다. 사실상 이 시편은 신구약성경 전체를 통틀어 회개의 포괄적 문제에 관한 고전적 진술이라고 해도 괜찮을 것 같습니다. 시편 51편은 이스라엘 왕이었던 다윗의 가증스런 범죄가 드러난 후 그의 영혼이 몹시 고뇌했던 것을 기록하고 있습니다. 흠정역^{KJV}에는 시편 51편의 표제가 "악장에게, 다윗의 시, 그가 밧세바와 동침한 후 선지자 나단이 그에게 왔을 때"라고 되어 있습니다. 바꾸어 말해, 다윗이 시편 51편을 쓰게 된 당시의 정황을 염두에 두지 않으면 이 시편과 거기에 담긴 교훈을 제대로 읽어 낼 수 없다는 생각이 듭니다.

시편 51편은 입에 담기조차 역겨운 이야기입니다. 그럼에도 제가 이 이야기를 여러분에게 상기시키는 것은, 우리의 인생이 그처럼 역겨운 것이 될 수 있기 때문입니다. 슬픈 일이지만, 우리 역시 역겨운 일을 저지를 수 있습니다. 시편 51편은 본질적으로 이런 이야기입니다. 다윗은 당시 이스라엘 왕이었고, 그의 군대는 전쟁터에 나가 있었습니다. 다윗은 전쟁터에 나가지 않고 후방인 예루살렘에 남아 있었습니다. 어느 날 그가 우연히—누가 보더라도 우연이라고밖에

할 수 없습니다―왕궁 옥상을 거닐고 있었습니다. 그때, 매우 아름다운 여인이 다윗의 눈에 띄었습니다. 그 여인은 이스라엘 군대를 이끌고 적과 싸우고 있었던 어느 장교의 아내였습니다. 그녀를 보는 순간 다윗은 욕정이 불같이 일어나 자신을 억제할 수 없었습니다. 그는 부하를 시켜 그녀를 궁궐로 불러들이고는 간통했습니다. 그녀의 순결을 더럽힌 것입니다. 일이 이렇게 되자, 다윗은 자신의 죄를 은폐하기 위해 총사령관 요압에게 전갈을 보내 그녀의 남편인 헷 사람 우리아를 예루살렘으로 소환했습니다. 다윗은 왕궁에 들어온 우리아에게 요압과 병사들의 안부를 묻고 전쟁터의 형편도 물었습니다. 그러더니 우리아에게 집으로 돌아가 푹 쉬라고 했습니다.

그러나 우리아는 신의를 존중했기 때문에 자기 아내가 있는 집으로 돌아가지 않았습니다. 왕의 병사들이 전쟁터에 나가 있고 이스라엘의 운명이 바람 앞의 촛불과 같은 상황에서 자신의 안위만 생각할 수는 없다는 것이었습니다. 추측하건대, 우리아는 '안 되지, 안 되고말고! 어찌, 나 혼자만 편하겠다고 그럴 수 있나' 하고 생각했을 것입니다. 그러더니 왕궁 문간에 누워 잠을 청했습니다. 이 사실을 알게 된 다윗 왕은 가엾은 우리아를 어떻게든 집으로 돌려보낼 속셈으로 술에 취하게 만들었습니다. 하지만 우리아는 그날도 집으로 가지 않았습니다. 일이 뜻대로 되지 않자, 다윗 왕은 편지 한 통을 써서 우리아 편에 요압 장군에게 보냈습니다. 편지의 내용인즉 이러했습니다. "우리아를 제거해야겠소. 장군은 반드시 그를 최전방에 배치하시오." 요압은 명령에 따라 헷 사람 우리아와 몇몇 병사들을 용감무쌍한 적군이 포진하고 있는 최전방에 배치했습니다. 우리아는 결국 비참한 최후를 맞이했습니다. 뜻을 이룬 다윗은 흡족해하면서 우리아의 아내 밧세바를 자신의 후처로 삼았습니다. 만사가 순조롭게 진행되는 듯했습니다. 하나님이 보시기에는 어땠습니까? "다윗이 행한 그 일이 여호와 보시기에 악하였더라"삼하 11:27.

그러나 다윗은 하나님이 선지자 나단을 자신에게 보낼 때까지 꿈같은 나날을 보냈습니다. 어느 날, 나단이 다윗을 찾아와 이렇게 말했습니다. "폐하, 한 가지 슬픈 소식을 전합니다. 어떤 성읍에 두 사람이 살았는데, 한 사람은 부유했고 한 사람은 가난했습니다. 부자에게는 양과 소가 아주 많았지만, 가난한 사람에게는 어린 암양 한 마리밖에 없었습니다. 그 사람은 암양을 자식처럼 돌보았습니다. 어느 날, 부자에게 나그네 한 사람이 찾아왔습니다. 그 부자는 자기를 찾아온 손님을 대접하기 위해 자기의 양 떼나 소 떼 가운데서는 한 마리도 잡기가 아까웠습니다. 그래서 그는 그 가난한 사람의 어린 암양을 빼앗다가 자기를 찾아온 사람에게 대접했습니다. 그 가난한 사람은 가슴이 찢어지는 듯했습니다." 이 이야기를 듣고 나서 다윗은 의분을 참지 못해 이렇게 소리쳤습니다. "벼룩의 간을 빼먹은 그 치사한 놈을 당장 엄벌에 처하라!" 그러자 나단은 다윗을 진정시키며 이렇게 말했습니다. "**폐하가 바로 그 사람입니다!**" 나단이 이 비유를 든 것은, 다윗 왕이 헷 사람 우리아에게 한 짓이 바로 그 부자의 행위와 조금도 다를 바 없음을 일깨우기 위해서였습니다. 시편 51편에는 이런 배경이 깔려 있습니다.

정신이 번쩍 든 다윗은 부끄러움과 두려움으로 어찌할 바를 몰랐습니다. 바로 이런 정황에서 다윗은 이 시편을 쓴 것입니다. 어떤 이야기든 그 뒤에는 배경이 있습니다. 이제 제가 여러분과 더불어 시편 51편을 깊이 살펴보고자 하는 것은, 이 시편이 우리에게 현세적 삶에 관한 몇 가지 기본적인 진리와 사실들을 아주 생생하면서도 설득력 있게 보여주기 때문입니다. 시편 51편은 인간의 구원이라는 중차대한 문제와 밀접한 연관이 있습니다.

성경에 의하면, 그리스도 안에 나타난 하나님의 구원을 알기 위해서는 반드시 여러 단계를 거쳐야 합니다. 우리는 교회에서 선포되는 우리 주 예수 그리스도의 복음을 듣기 위해 매주 교회에 출석합니다. 저는 하나님이 인류를 구원하시는 방식이 바로 이 성경에 들어 있다고 믿기에 강단에서 말씀을 선포합니다. 오늘날 현대인에게 필요한 것은 오직 **하나**, 성경입니다. 성경만이 인간의 필요를 채울 수 있는데도, 사람들은 성경을 무시하고 조롱합니다. 성경에 관심을 보이는 사람은 많지만 성경의 능력과 구원의 은혜를 맛본 사람은 별로 없습니다. 왜 그럴까요? 간략히 말씀드리자면, 이 복음이 드러내는 위대한 구원을 맛보기 전에 몇 가지 선행 조건이 따른다는 사실을 그들이 깨닫지 못했기 때문입니다. 우리가 반드시 깨닫고 이해하고 또한 믿어야 하는 것이 몇 가지 있는데, 그중에 첫 번째가 회개입니다. 제가 설교 본문으로 시편 51편을 선택한 이유가 바로 여기에 있습니다. 우리는 회개의 포괄적 문제에 관해 명확히 이해할 필요가 있습니다.

성경에 나타난 회심자들의 간증을 읽다 보면, 거기에는 회개라는 요소가 빠지지 않고 나타납니다. 성인들의 전기나 과거 하나님의 교회에서 두각을 나타낸 영적 거인들의 이야기를 읽다 보면, 자신의 삶에서 진정한 회심을 체험하고 하나님의 능력과 은혜를 맛본 사람들은 누구나 회개의 표징을 드러냈습니다. 그러므로 저는 회개 없는 구원은 없다고 서슴지 않고 말씀드립니다. 회개의 필요성이야말로 성경이 논쟁하지 않는 절대적인 것 중 하나입니다. 성경은 회개를 말할 뿐입니다. 성경은 회개를 자명한 일로 여깁니다. 회개하지 않고 그리스도인이 되는 것이 가당키나 하겠습니까? 회개의 의미를 깨닫지 못하면서 기독교의 구원을 맛볼 수 있는 사람은 아무도 없습니다. 그러므로 저는 회개야말로 지극히 중요한 문제임을 강조하는 바입니다. 세례 요한은 사역을 시작하면서 죄를 용서하는 회개의 세례를 선포했습니다. 최초의 전도자가 선포한 첫 메시지는 바로 회개였습니다. 마가복음에 따르면, 우리 주님이시요 구주이신 예수 그리스도께서는 두루 다니면서 회개를 선포하셨습니다. 회개는 **절대적으로 필요한** 것입니다. 사도 바울 또한 전도여행을 다니면서 하나님께 회개하라고, 우리 주 예수 그리스도를 믿으라고 촉구했습니다. 베드로는 교회의 후원 아래 오순절에 최초의 설교를 했습니다. 그의 설교를

23

듣고 어떤 이들이 가슴을 치며 "우리가 어떻게 하면 좋겠습니까?" 하고 울부짖자, 베드로는 "회개하십시오!"라고 권면했습니다. 회개하지 않으면 구원을 알 수도, 체험할 수도 없습니다. 회개는 필수적인 단계이자, 첫 번째 단계입니다.

어떤 이는 제게 이렇게 말합니다. "목사님 말씀은 잘 알겠습니다. 그런데 우리가 회개해야 한다는 말은 대체 무슨 뜻인가요?" 오늘 읽은 시편 51편은 회개의 포괄적 문제와 교리에 관한 고전적 진술이라고 할 수 있습니다. 시편 51편에 대한 오늘의 첫 설교에서 저는 회개의 첫 번째 단계라고 여기는 것, 곧 회개의 한 모습과 한 단계를 꼭 다루고 싶습니다. 그 첫 번째 단계는 죄의 자각 혹은 인간의 죄성에 대한 고백입니다. 오늘의 설교에 굳이 제목을 붙인다면, '죄인의 고백', '죄의 자각' 또는 '인간의 죄성에 대한 고백' 정도가 될 것입니다.

저는 여기서 절대적 필수라고 표현해도 될 만큼 매우 중요한 이야기를 하겠습니다. 사람들은 죄에 관한 성경의 가르침을 깨닫지 못하기 때문에 기독교 복음에 들어 있는 많은 내용들을 어렵게 생각합니다. 성육신이 왜 필요한지 모르겠다는 사람들, 하나님의 아들이 이 땅에 오셨다는 사복음서의 이야기가 납득이 가지 않는다는 사람들, 기적과 초자연적인 사건들을 이해할 수 없다는 사람들, 나아가 구속 사상과 의인이니 성화니 중생이니 하는 용어들이 낯설기만 하다는 사람들은 오늘날 이루 헤아릴 수 없이 많습니다. 사람들은 이 모든 것들이 과연 필요한지 의아해합니다. 그들은 이렇게 따지려 들 것입니다. "이론적이며 순전히 뜬구름 잡기 식의 이 모든 사상들은 교회가 전개해 온 것이 아닌가? 이 모든 사상들은 신학자들의 상상의 산물이 아닌가? 그것들이 대체 우리와 무슨 상관이 있으며 현실과 어떤 연관이 있다는 말인가?" 사람들이 이렇게 따지는 것은 죄에 관한 진실을 깨닫지 못하기 때문임을 저는 지적해야겠습니다. 사람들은 죄에 관한 성경의 가르침을 온전히 이해하지 못합니다. 그들 자신이 죄인이라는 깨달음도 없습니다. 그러나 성경은 그들과는 사뭇 다르게 시종 죄의 문제를 끈질기게 붙들고 씨름합니다. 제가 보기에, 성경은 사실상 죄의 교리를 언급하지 않으면 인간의 삶—개인적이든 집단적이든—을 도무지 알 수 없는 것이라고 단언합니다. 우리는 지금 혼란스러운 세상에 살고 있습니다. 그래서 우리는 무언가 잘못되고 있다는 것을 느끼고 이런 질문을 던집니다. "대체 뭐가 잘못된 거지?" 정치가들이라고 해서 우리의 문제를 해결해 줄 것 같지는 않습니다. 철학자들은 문제 제기는 하지만 해결책은 없는 듯합니다. 우리가 아무리 애를 쓰더라도 이 세상이 온전해질 가능성은 없어 보입니다. 성경은 단언합니다. "문제 해결의 열쇠는 하나인데 너희가 이를 무시하고 있다! 그것은 죄의 문제다. 개인의 문제든, 대인관계의 문제든, 국제관계의 문제든, 온갖 문제의 원인은 죄다. 문제는 바로 이것이다."

성경은 이 같은 사실을 도처에서, 그것도 매우 솔직하게 강조하고 있습니다. 성경의 그런 면이 제게는 매우 색다르면서도 매력적으로 다가옵니다. 성경은 모든 것을 낱낱이 드러냅니다. 이 성경을 하나님의 책으로 믿지 않는 사람들이 저로서는 이해가 안 갑니다. 성경은 매우 솔직한 책입니다. 성경은 거기에 등장하는 위대한 영웅들을 미화하려 들지 않습니다. 결점 하나 없는 영웅들로 가득한 선집(選集)을 구성하려고도 하지 않습니다. 신화는 그렇게 하며, 인간들도 다반사로 그렇게 합니다. 하지만 성경은 그렇게 하는 법이 결코 없습니다. 성경은 인간의 장점뿐 아니라 약점까지 드러냅니다. 성경이 그렇게 하는 단 하나의 이유는 궁극적 관심이 인간이 아니라 하나님의 진리에 있기 때문입니다. 그리스도인들은 흔히들 신자가 불신자보다 낫다고 주장하는데, 이러한 주장은 기독교 교리를 크게 훼손하는 일임을 아시기 바랍니다. 기독교의 인간관에 따르면, 하나님의 은혜를 떠나서는 인간은 털끝만치의 소망도 없는 존재입니다. 나의 나 된 것은 오로지 하나님의 은혜라고 성경은 가르칩니다. 성경은 인간의 유일한 소망이 복음과 하나님의 은혜에 있다고 분명히 말합니다. 바로 이것이 **죄인**들을 위한 복음입니다. 인간이 자신을 죄인으로 인식하지 않는 한, 복음은 인간과 무관하다는 생각이 듭니다. 다시 말해서 복음은 인간으로 하여금 자신을 죄인으로 인식하도록 하기 위해 기록된 것입니다. 성경은 회개하지 않은 인간과는 아무 상관이 없습니다. 성경은 무엇보다도 회개를 촉구하며, 이 같은 방식으로 무서운 죄의 교리를 다룹니다.

죄에 대한 성경의 입장은, 죄는 끔찍한 악의 세력이며 너무도 끔찍하고 너무도 강력해서 인간이란 인간은 죄다 거꾸러뜨린다는 것입니다. 그리고 이 세상 사람 모두 죄 앞에 무릎 꿇게 만든다는 것입니다. 죄의 세력이 얼마나 크고 끔찍한지는, 제가 앞서 말씀드렸듯이, 이스라엘의 다윗 왕과 같이 훌륭하고 조금도 흠잡을 데 없는 사람까지 걸려 넘어진 것을 보면 알 수 있지 않습니까? 성경은 이렇게 말합니다. "그대가 지금 죄의 세력에 반기를 들고 있다는 사실을 깨닫지 못한다면 죄에 대한 그대의 인식은 아직 걸음마 수준이다. 그대가 육신을 입고 이 땅에 사는 내내 그대의 마음속에, 그대의 주변에, 그대 가까이에 이처럼 끔찍하고 극악무도한 세력이 판치게 될 것이라는 사실을 깨닫지 못한다면 그대는 이 문제에 관한 한 그야말로 풋내기다!" 진상은 이렇습니다. 우리가 발붙이고 사는 이 땅에는 통치자들과 권세들, 이 세상 어둠의 주관자들, 하늘의 사악한 영들이 있어 우리를 꼬드기고 살살 달래어 마침내는 우리를 쓰러뜨린다는 사실입니다. **이것**이 바로 성경에서 말하는 죄의 교리입니다. 시편 51편에는 이처럼 소름 끼치는 일이 명확히 묘사되어 있습니다. 우리가 거쳐야 할 첫 번째 단계는, 자신의 본성이 부패했음을 깨닫고 그것을 고백하는 일입니다.

사실상, 오늘 읽은 시편을 '변절자의 기도'라고 해도 무방할 것입니다. 시편 51편은 하나님을 신뢰했고 그분과 은혜로운 교제를 나누었던 자의 기도입니다. 진리를 알았음에도 타락의 길을 걸어간 자에 대한 기록입니다. 어떤 식으로 표현하든 상관없습니다. 이 시편에 나타나는 죄에 대한 다윗의 고백은 신자의 죄든 불신자의 죄든 모든 죄에 예외 없이 적용됩니다. 죄의 본성은 근본적으로 바뀌지 않기에, 다윗의 죄 고백은 죄에 대한 보편적 진리를 일컫는다고 할 수 있습니다. 여기서 우리는 어떤 사람이 자신의 죄를 깨닫고 확신할 때 필연적으로 밟게 되는 몇 가지 단계와 과정을 보게 됩니다. 이제 각각의 단계들을 자세히 설명하고자 합니다.

첫 번째 단계는 **자신이 죄를 지었다는 사실을 깨닫고 시인하는** 단계입니다. 3절에 나타난 다윗의 고백을 들어보겠습니다. "무릇 나는 내 죄과를 아오니 내 죄가 항상 내 앞에 있나이다." 어떤 사람이 자신이 죄를 지었음을 깨닫고 확신하면, 그는 무엇보다 자신의 죄와 직면하고 자신의 행위를 거짓 없이 살핍니다. 시편 51편을 죽 읽어보면 다윗은 그렇게 하지 않은 것이 분명합니다. 어떤 사람이 다윗처럼 죄를 지었음에도 자신의 죄를 직시하지 않는다 하더라도 놀랄 필요는 없을 것입니다. 분명 다윗은 그래서는 안 된다고 생각했겠지만 결국 악을 행하고 말았습니다! 다윗은 자신의 과오를 제대로 직시한 적이 한 번도 없었습니다. 어떻게든 외면하려 들었습니다. 그리고 이처럼 끔찍한 죄를 범한 다윗은, 하나님께서 선지자 나단을 보내셔서 비유를 통해 현실을 직시하게 하지 않으셨던들 여전히 나 몰라라 했을 것입니다. 마침내 다윗은 자신의 죄에 눈을 떴고 그로 인해 한없이 낮아졌습니다. 이것이 바로 다윗이 시편 51편을 쓰게 된 배경입니다. 회개의 첫 번째 단계는 언제나 이렇습니다. 하던 일을 반드시 멈추고 생각하는 것입니다. 자신을 살피는 것입니다. 지금까지 어떻게 살아왔고, 어떤 일을 해왔는지, 그리고 지금 어떤 일을 하고 있는지 점검하는 것입니다.

이렇게 하는 것이 영 내키지 않은 일임을 저는 알고 있습니다. 왜냐하면 사람들은 자신의 치부를 낱낱이 드러내는 복음을 싫어하기 때문입니다. 하지만 하나님의 구원에 대해 알고자 한다면 회개는 선택이 아니라 필수입니다. 그리고 회개에 이르는 첫 번째 단계는 죄를 자각하는 것이며, 그렇게 하는 최선의 방법은 하던 일을 접고 자신을 살피는 것입니다. 여러분에게 다시 묻습니다. 자신이 저지른 죄를 직시할 수 있었음에도 다윗이 그렇게 하지 않았다는 사실이 놀랍지 않습니까? 다윗은 온갖 죄를 저질렀지만 그의 추태 행진은 끝이 보이지 않습니다. 어떻게 그럴 수 있었을까요? 방법은 딱 하나입니다. 자신이 저지른 잘못을 직시하지 않은 채, 하던 일을 지속하는 것입니다. 그렇기 때문에 저는 이른바 쾌락 열광주의^{pleasure mania}—죄의식에서 벗어나려는 인간의 어설픈 몸짓—를 뭐라 탓할 생각이 없습니다. 어느 날, 홀로 밤을 지새우며 '나는 지금 제대로 살아가고 있는가? 나는 지금 마음속으로 엉뚱한 상상이나 하고 있지는 않은가?'라고 자문하는 일은 썩 유쾌한 일이 아닙니다. 그렇지만, 하던 일을 접어 두고 자신과 자신의 삶을 점검하는 것보다 더 중요한 일은 세상 어디에도 없습니다. 우리는 어쩌면 그렇게도 다윗을 닮았을까요? 자기 잘못을 변명하고 간과하며 망각하기를 식은 죽 먹듯이 하니 말입니다! 하지만 다른 사람이 죄를 짓다가 발각되거나, 그와 비슷한 일이 눈앞에 펼쳐지면 우리는 맹비난을 퍼붓습니다. 인간이란 본래 그런 존재입니다. 타락과 원죄로 인해 어느 누구도 거기서 예외가 아닙니다. 우리는 부패한 자신에게서 벗어나고자 갖가지 묘안을 짜냅니다.

이 시점에서 간단한 질문을 드리겠습니다. "여러분은 자신을 직시해 본 적이 있습니까?" 사람들의 시선은 의식하지 마십시오. 거울을 똑바로 세워 놓고 지나온 삶을 돌이켜 보십시오. 이제껏 어떤 생각과 행동과 말을 하면서 살아왔는지 살펴보십시오. 지금 어떤 삶을 살아가고 있는지도 점검해 보십시오. 여러분은 현재의 삶에 만족하십니까? 자신의 잘못은 간과하고 다른 사람의 잘못을 찾으려 하지는 않습니까? 자신의 마음이 정결해서 그렇게 하려는 것입니까? 하나님께서는 무엇보다 자신에게 솔직해지라고, 그만 따지라고, 자신을 직시하라고 촉구하십니다. 각자 자신을 살펴야 할 것입니다. 이왕 말이 나온 김에 드리는 말씀인데, 이제 종교와 신학 논쟁은 중단하고 한 번이라도 좋으니 자신을 솔직하게 바라보십시오. 이것이 회개의 첫 번째 단계입니다. "무릇 나는 내 죄과를 아오니 내 죄가 항상 내 앞에 있나이다." 여러분은 자신의 죄를 직시하고 자신을 살피며 마음을 들여다 본 적이 있습니까? 이렇게 하지 않으면 소망이 없는데도, 현대인들은 이 권면을 탐탁지 않게 여깁니다. 현대인들은 삶의 무료함을 달래기 위해 영화를 즐겨 보거나 소설은 읽으면서도 정작 생각하는 일은 죽기보다 싫어합니다. 여러분에게 당부합니다. 자신의 생명을 위해, 자신의 영혼을 위해 투쟁하십시오. 세상은 가능한 온갖 수단을 동원해 여러분 자신을 직시하지 못하게 할 것입니다. 성도 여러분에게 당부합니다. 자신을 살피십시오. 다른 사람의 시선이나 상황은 개의치 마십시오. 그렇게 하는 것이 하나님을 알며, 그분의 영광스런 구원을 맛보는 첫 번째 단계입니다.

이제 서둘러 두 번째 단계로 가야겠습니다. 이 단계는 **우리가 저지른 일의 성격이나 본질이 정확히 어떤 것인지를 파악하는** 단계입니다. 세 단어로 아주 훌륭하게 설명할 수 있습니다. 첫 번째 단어는 "죄과"transgression, 두 번째 단어는 "죄악"iniquity, 그리고 세 번째 단어는 "죄"sin입니다. 이제 이 세 단어에 대해 간략히 설명하겠습니다.

죄과란 무엇일까요? 그것은 반역이며, 권위에 대한 의지적 반항, 특히 권위자에 대한 반항을 뜻합니다. 이것이 바로 죄과의 의미입니다. "무릇 나는 내 죄과를 아오니." 바꾸어 말해, 다윗은 자신이 죄과를 저질렀으며 반항했음을 시인하고 있습니다. 그는 권위에 반항했으며, 누군가에게 반항했습니다. 자아가 거세게 일어났으며 스스로 주제넘게 나섰습니다. 욕망의 포로가 되었으며 정욕에 마음을 빼앗겼습니다. 죄과란 제멋대로 하려는 욕구, 자신이 원하는 일과 즐겨하는 일만 하려는 욕구를 말합니다. 거기에는 의도적 선택, 적극적 반항 행위가 수반됩니다. 죄과란 우리 양심을 거스르는 행위를 한다는 뜻입니다. 그것은 의지적이며 의도적인 불순종 행위, 권위의 침해를 의미합니다. 회개하는 자마다 자신이 그런 죄를 저질렀음을 깨닫습니다. 그는 이렇게 시인할 준비가 되어 있습니다. "나쁜 줄 알면서도 그렇게 했습니다! 잘못을 인정합니다. 내면의 소리, 곧 양심의 경고를 무시했습니다. 의도적으로 악을 행한 저는 반역자입니다!"

죄악이란 무엇일까요? 그것은 일그러지거나 어긋난 행위, 왜곡된 행위입니다. 다윗의 경우가 이를 여실히 보여줍니다. "나의 죄악을 말갛게 씻으소서! 죄악은 부정한 것이며 비열한 것입니다. 내 안에 있는 그 무엇이 나로 하여금 죄악을 범하게 만들었습니까? 그것은 일그러짐이며 왜곡입니다! 그 같은 죄악을 범한 나야말로 얼마나 왜곡되어 있는지요!" 여러분은 다윗이 저지른 일을 기억할 것입니다. 여기서 그의 일그러지고 어긋난 마음가짐, 왜곡된 상태를 새삼 들먹이지는 않겠습니다. 이 점에서 다윗의 죄성은 우리가 짓는 모든 죄에도 그대로 적용됩니다. 혹 여러분과 제가 살인죄를 저지르지 않았다면 얼마나 감사한 일인지요! 여러분과 저는 다윗이 저지른 그 밖의 다른 죄와도 무관하리라 생각합니다. 그러나 여러분이 자신을 점검할 때 저는 이렇게 묻습니다. "여러분이 행하는 온갖 일들이 일그러지고 왜곡되어 있음을 깨닫지 못합니까? 여러분의 삶 속에서 이루어지는 온갖 행위가 어긋나 있음을 깨닫지 못합니까?" 여러분은 시기하고 질투하며 악을 행합니다. 여러분의 자아는 너무 끔찍할 정도로 일그러져 있습니다! 어떤 사람에게 저주가 임하기를 빌며, 또 어떤 사람이 칭찬받는 것을 배 아파합니다. 그런 생각은 그릇

되고, 어긋나고, 일그러지고, 추하고, 사악한 것입니다. 이것이 죄악입니다! 그리고 우리 가운데 죄악에서 자유로운 사람은 아무도 없습니다. 자신 안에 왜곡된 성향이 있어, 어떤 행동을 하든 그것이 이처럼 끔찍할 정도로 일그러지고 왜곡된 결과를 낳는다는 사실을 부인하려는 사람이 있습니까?

마지막으로 **죄**라는 단어에 대해 살펴보겠습니다. 죄란 대체 무엇일까요? 죄는 과녁을 빗나가는 것입니다. 꽤 멋진 표현입니다. 그렇다면 과녁을 빗나간다는 것은 무슨 뜻일까요? 우리가 의당 그렇게 살아야 하는 삶과 동떨어진 삶을 산다는 것입니다. 어떤 사람이 과녁을 조준합니다. 목표가 있다는 말입니다. 화살을 당기지만 빗나가고 맙니다. 과녁을 빗나간 것입니다. 우리의 삶이 바로 그렇다는 것입니다. 우리의 삶이 "어그러져 있다"는 것입니다. 이것이 바로 죄의 일관된 의미입니다. 죄는 인간이 하나님의 의도와는 다른 삶을 살고 있다고 지적합니다. 죄는 인간이 하나님의 계획과는 다른 길로 가고 있다고 지적합니다. 인간은 앞으로 똑바로 나아가지 않습니다. 중심을 잃고 앞으로 갔다 뒤로 갔다 합니다. 똑바로 나아가는 성향이 없습니다.

이러한 논지는 강조할 필요가 없습니다. 이 자리에 참석한 모든 사람들은 자신이 세 가지 죄에 얽매어 있음을 분명히 인식하고 있다고 저는 생각합니다. 그 세 가지 죄란 **죄과**(또는 반역), **죄악**(또는 왜곡되고 일그러지고 어긋난 행동) 그리고 **죄**(과녁을 빗나가는 것, 목표에 미달되는 것,

하나님의 뜻과는 다른 존재가 되는 것, 목적지를 향해 나아가지 못하고 이리저리 방황하는 것)입니다. 죄의 확신과 죄의 고백에 따른 두 번째 단계는 자신의 삶과 행동이 죄로 오염되어 있음을 인정하는 것입니다.

세 번째 단계에 이르면 **인간은 자신의 삶과 행동이 하나님의 목전에서 그분의 뜻을 거스르고 있음을 깨닫고 고백하게 됩니다.** "내가 주께만 범죄하여 주의 목전에 악을 행하였사오니." 어떤 사람은 이렇게 항변합니다. "누가 보더라도 그 고백은 잘못된 것이 아닙니까? 다윗은 '밧세바에게, 우리아에게, 전사한 병사들에게, 이스라엘과 내 백성들에게 내가 범죄하여'라고 고백했어야 마땅합니다. 하지만 다윗은 '주께만 범죄하여'라고 토로합니다." 다윗의 고백은 백번 옳은 것입니다! 그는 여러 사람에게 죄를 지었음을 부인하지 않습니다. 그러나 다윗은 한 걸음 더 나아가 자신의 행위가 단순히 행위 그 자체로만 끝나는 것이 아님을 깨닫습니다. 그는 자신의 소행이 여러 사람에게 영향을 미치고 그들을 연루시키는 것으로 끝나는 것이 아니라, 본질적으로 주님께 대한 범죄임을 인식합니다. 여기서 **양심의 가책**remorse과 **회개**repentance의 본질적 차이가 드러납니다.

양심의 가책으로 괴로워하는 사람은 자신이 잘못했음을 깨닫습니다. 하지만 자신의 잘못이 하나님께 대한 범죄임을 깨닫지 못한다면 그는 **회개한** 것이 아닙니다.

왜 그렇게 느껴야 할까요? 이 문제에 대한 답변을 이런 식으로 생각해 봅시다. 여러분도 아시다시피, 죄란 하나님의 창조세계를 파괴하는 것이며 인간을 향한 하나님의 뜻을 거스르는 것입니다. 이 문제를 잠정적으로 이렇게 설명하겠습니다. 인간이 죄를 지으면 그는 해서는 안 되는 일을 하는 것입니다. 뿐만 아니라 인간성에 반하는 죄를 짓고 그것을 땅에 떨어뜨리는 것입니다. 따라서 그는 인간에게 죄를 짓는 것이며, 그것은 곧 인간을 지으신 하나님께 죄를 짓는 일입니다. 하나님께서는 인간을 흠 없는 존재로 지으셨으며, 그에 걸맞게 살도록 하셨습니다. 하나님께서는 인간에게 그런 삶을 영위할 수 있는 능력도 주셨는데, 인간이 죄를 짓는다면 그것은 곧 그분의 기대를 저버리는 것입니다. "내가 **주께만** 범죄하여." 우리는 하나님께서 우리에게 거신 기대를 저버렸습니다. 그분의 창조질서를 어지럽히고 왜곡했습니다. 우리가 죄를 지을 때마다 우리는 하나님의 거룩한 법을 깨뜨리는 것입니다. 십계명, 도덕법, 고결한 인간성이라는 보편 개념, 이 모든 것이 하나님에게서 비롯되었습니다. 우리 모두는 언제나 죄의 존재를 의식하고 있습니다. 우리가 죄과, 죄악 혹은 죄를 지을 때마다 우리는 하나님의 거룩한 법과 우리를 위해 세우신 그분의 계획을 파괴하는 것입니다. 그렇게 되면, 제가 앞서 상기시켰듯이, 우리 안의 양심까지도 마비되는 것입니다. 하나님께서는 우리 안에 양심을 두셨습니다. 우리가 둔 것이 아닙니다. 우리는 양심이란 것이 없다면 얼마나 좋을까 하고 생각한 적이 한두 번이 아닙니다. 하지만 양심은 우리로서는 어쩔 수 없는 것입니다. 내면의 소리가 우리에게 죄를 짓지 말라고 경고합니다. 우리가 죄를 짓는 것은 하나님께서 세우신 규칙을 파괴하며 그분께 죄를 짓는 것입니다. 왜냐하면 하나님께서 우리에게 선을 베푸셨음에도 불구하고 우리가 해서는 안 되는 일을 하기 때문입니다. 다른 무엇보다 다윗의 마음을 더욱 아프게 한 것은 바로 이것이었다는 생각이 듭니다. 하나님께서 다윗에게 얼마나 많은 자비를 베푸셨는지 모릅니다. 한낱 목동에 불과한 그를 세우셔서 위대한 왕국의 왕으로 삼으셨으며 분에 넘치도록 복을 내려 주셨습니다. 그렇기에 다윗은 "내가 정말 몹쓸 짓을 했구나"라고 탄식하며 "내가 **주께만** 범죄하여"라고 통회합니다.

우리가 이 세상에 태어난 것은 우리의 뜻이 아니라 하나님의 선물입니다. 그리고 우리 각자는 유일무이한 존재입니다. 하나님께서는 우리에게 소나기처럼 복을 쏟아부어 주셨습니다. 가정을 주시고 가족들에게 사랑을 받게 하셨습니다. 먹을 것과 쉴 곳도 주셨습니다. 하나님께서는 이 모든 축복을 거두실 수도 있었습니다. 하나님께서 우리에게 베푸신 자비가 어디 이뿐이겠습니까! 그런 우리가 하나님께 반기를 들다니! 우리는 그분께 죄를 짓고, 우리에게 베풀어 주신 한없는 선과 자비와 사랑을 저버렸습니다!

그다음 단계는 무엇입니까? **자신이 어떤 변명이나 구실도 내세울 수 없음을 발견하는** 단계입니다. "내가 주께만 범죄하여 주의 목전에 악을 행하였사오니, 주께서 말씀하실 때에 의로우시다 하고 주께서 심판하실 때에 순전하시다 하리이다." 바꾸어 말해, 다윗은 하나님께 이렇게 토로하고 있습니다. "입이 열 개라도 드릴 말씀이 없습니다. 제가 무슨 변명을 하겠습니까? 어떤 핑계도 대지 않겠습니다. 제가 무조건 잘못했습니다. 일이 이 지경이 된 것은 순전히 제 고집 때문입니다. 모든 것이 제 탓입니다. 제가 무슨 낯으로 죄를 덜어 달라고 아뢸 수 있겠습니까?" 다윗의 고백이야말로 회개와 죄의 자각에 있어 절대적으로 본질적인 부분임을 저는 강조하고 싶습니다. 그래서 저는 여러분께 자신을 살피고 자신의 행동을 점검하라고 당부합니다. 여러분은 자신의 온갖 행동을 정당화할 수 있습니까? 그럴 수밖에 없었다고 변명할 수 있습니까? 선지자 나단의 경우를 예로 들겠습니다. 가령, 제가 이 자리에서 어떤 사람에 관한 예화를 통해 여러분의 삶이 이러저러하다고 지적한다면 어떤 일이 일어날까요? 여러분은 기꺼이 그러한 지적을 받아들이겠습니까? 우리가 그런 입장에 놓인다면 우리는 마땅히 자신을 점검해야 할 것입니다. 이제 여러분에게로 시선을 돌려 이 문제를 허심탄회하게 이야기해 봅시다. 만일 여러분이 자신을 정당화하기에 급급하다면 여러분은 회개한 것이 아닙니다. 어떻게든 자신을 합리화하려 들거나 자신만이 옳다고 바득바득 우긴다면 여러분은 회개했다고 볼 수 없습니다. 진정한 회개는 다윗처럼 고백하는 것입니다. "입이 열 개라도 드릴 말씀이 없습니다. 제가 어떤 사람인지 똑똑히 알았습니다. 변명하지 않겠습니다. 그동안 제가 한 일이 혐오스럽게 느껴집니다. 제게는 그렇게 할 권리가 없는데도 말입니다. 저는 의도적으로 죄를 지었습니다. 제 잘못을 깨닫고 시인합니다! 솔직히 고백합니다. '주께서 말씀하실 때에 의로우시다 하고 주께서 심판하실 때에 순전하시다 하리이다.'" 하나님께서 여러분을 책망하실 때 좀 심하다는 생각이 듭니까? 하나님께서 여러분을 지옥으로 떨어뜨린다면 온당치 않은 처사라는 생각이 듭니까? 그렇다면 여러분은 회개한 것이 아닙니다. 회개했는지의 여부는 이렇게 확인할 수 있습니다. 가령 어떤 사람이 스스로 자신의 마음 상태와 삶을 점검하고 나서 이렇게 토로한다고 합시다. "나는 지옥에 떨어져 마땅하다. 하나님께서 나를 지옥에 보내시더라도 뭐라 따질 입장이 못 된다. 마땅한 일 아닌가!" 이것이 진정한 회개라고 할 수 있습니다. 회개 없는 구원은 없습니다. 죄를 깨닫는 사람은 이 단계에 이릅니다. 이제 마지막 단계에 다다랐습니다.

마지막 단계는 **자신의 본성이 날 때부터 악한 것임을 깨닫고 인식하는** 단계입니다. "내가 죄악 중에서 출생하였음이여. 어머니가 죄 중에서 나를 잉태하였나이다." 지금까지 몇 단계를 거쳤는지 여러분은 아시겠습니까? 첫 번째 단계는 하던 일을 멈추고 사실을 직시하며 자신을 살피는 단계입니다. 두 번째 단계는 자신의 죄악된 행동을 인식하고 그러한 행동이 세 가지 점에서 잘못된 것임을 시인하는 단계입니다. 그런 후에 죄인은 이렇게 말합니다. "맞아, 내가 지은 죄는 하나님과 무관한 것이 아니지. 나는 하나님께 죄를 지은 거야." 마지막 세 번째 단계에 이르면 그는 "내가 입이 열 개라도 변명할 말이 없다"고 시인합니다. 그러고 나서 죄인은 이렇게 자문합니다. "도대체 내가 무엇 때문에 그런 죄를 지었을까? 어쩌다가 내가 이 지경에 이르렀지? 내 안의 그 무엇이 이런 죄들을 짓게 만들었나? 시기, 질투, 미움, 악의, 탐욕, 욕망, 육욕, 정욕인가?" 마침내 현실을 직시하게 된 그는 이렇게 선언합니다. "내 본성은 부패했고, 내 마음은 악으로 가득 찬 것이 틀림없어! 부패한 것은 세상이 아니라 내 **안에** 있는 그 무엇이구나!" 바꾸어 말해, 이 같은 죄의 확신에 따른 최종 단계에 이르면 인간은 자신이 지은 여러 죄된 행동^{sins}에 대한 자각에서 **죄**^{sin}에 대한 자각과 자신이 아무짝에도 쓸모없는 존재라는 자각으로 방향을 바꿉니다.

이 같은 최종 단계를 바울은 로마서 7장에서 이렇게 묘사합니다. "내 속 곧 내 육신에 선한 것이 거하지 아니하는 줄을 아노니 원함은 내게 있으나 선을 행하는 것은 없노라.……오호라 나는 곤고한 사람이로다. 이 사망의 몸에서 누가 나를 건져 내랴"^{18, 24절}. 다시 말해, 그는 이렇게 탄식하고 있습니다. "내 마음은 부패했구나. 나는 악한 사람이고, 내 속은 시커멓구나. 내가 해서는 안 되는 일을 하는 것이 문제가 아니라 **나라는 인간 자체**가 문제로구나. 내 속에서 악한 일 하기를 갈망하고 있구나. 왜 그럴까? 악의 달콤한 유혹에 내 마음이 끌리기 때문이로구나. 나를 괴롭게 하는 것이 바로 그것이구나. 내게는 악을 행하는 능력이 있고 악을 즐기는 마음이 있구나. 문제는 세상이 아니라 내 마음이구나." 셰익스피어는 이러한 고뇌를 다음과 같이 묘사합니다.

브루투스여, 하늘의 탓이 아니라 우리 탓이구나.

우리가 죄의 노예가 된 것은.

"내가 죄악 중에서 출생하였음이여. 어머니가 죄 중에서 나를 잉태하였나이다." 이 세상에 태어나는 순간, 우리 속에는 악으로 기우는 성향, 곧 일그러짐과 왜곡이 나타납니다. 그것들은 마음속에 있는, 우리 존재와 본성의 일부입니다.

지금까지 저는 죄를 자각하고 그것을 고백하기까지의 여러 단계를 말씀드렸습니다. 여러분이 제 말씀의 진의를 파악했다면 다윗처럼 탄식하고 싶지 않습니까? "하나님, 내게 은혜를 베푸소서." 성도 여러분, 그렇게 하는 것이 순리이며, 우리가 해야 할 유일한 일입니다. 성도 여러분, 자신이 죄인이라는 자각이 든다면 하나님께로 달려가십시오. 그분의 자비에 모든 것을 맡기십시오. 하나님께서는 여러분을 실망시키지 않으실 것입니다. 여러분은 그분이 만반의 준비를 하고 계심을 알게 될 것입니다. 하나님께서는 오로지 여러분을 위해, 여러분의 죄를 씻기 위해 사랑하는 독생자를 이 땅에 보내셨고 갈보리 언덕에서 죽게 하셨습니다. 십자가에서 예수님은 우리 죄값을 치르셨고, 우리를 깨끗케 하셨습니다. 이제 우리를 눈보다 더 희게 하실 것입니다. 우리의 필요를 모두 채워 주실 것입니다. 그분께로 속히 가십시오. 그럴 필요를 느끼셨다면 여러분은 실천할 것입니다. 다윗이 그랬듯이, 현실을 직시하는 사람은 이러한 탄식이 즉시 터져 나올 것입니다. "하나님이여, 내게 은혜를 베푸시며…… 나의 죄를 씻어 주소서." 여러분도 이러한 탄원기도를 드리면 놀라운 응답을 받을 것입니다. 그리고 하나님의 위대한 구원이라는 기쁨을 맛보게 될 것입니다.

2.

죄인의
무력함

시 51:1-2

하나님이여, 주의 인자를 따라 내게 은혜를 베푸시며
주의 많은 긍휼을 따라 내 죄악을 지워 주소서.
나의 죄악을 말갛게 씻으시며 나의 죄를 깨끗이 제하소서.

저는 오늘 저녁설교에서 성경 본문을 위의 두 구절만 참고하지는 않을 것입니다. 왜냐하면 여러분이 곧 아시게 되겠지만, 다른 구절에서도 위의 구절과 비슷한 정서가 느껴지기 때문입니다. "우슬초로 나를 정결하게 하소서. 내가 정하리이다. 나의 죄를 씻어 주소서. 내가 눈보다 희리이다.······주의 얼굴을 내 죄에서 돌이키시고 내 모든 죄악을 지워 주소서"7, 9절.

제가 여러분과 함께 시편 51편을 계속해서 깊이 살펴보는 주된 이유가 있습니다. 그것은 우리가 이 시편에서 구원을 비롯하여 우리와 하나님의 관계라고 하는 포괄적인 문제와 관련된 중요한 몇 가지 단계와 과정을 엿볼 수 있기 때문입니다. 우리와 하나님의 관계는 이세상에서 그 무엇과도 바꿀 수 없을 만큼 더없이 소중합니다. 하나님과의 관계는 분명 우리가 피할 수 없는 문제이기에 대단히 중요합니다. 이 땅에서의 삶은 모든 것이 불확실하지만 한 가지는 절대적으로 확실합니다. 그것은 우리가 언젠가는 이 세상을 떠나야 한다는 사실입니다. 그런데 인간이 죽으면 어떻게 될까요? "사후 세계? 그런 게어디 있어?"라고 코웃음 치는 자가 있습니다. 하지만 그것을 입증할수 있습니까? 어떻게 그처럼 자신 있게 말할 수 있습니까? 그런 주장을 뒷받침할 증거라도 있습니까? 우리가 언젠가 이 세상을 떠나게 된다는 것은 너무도 분명합니다. 우리 가운데 죽음을 피할 수 있는 사람은 한 사람도 없습니다. "아, 이것이 문제로다." 셰익스피어는 이렇게 말했다지요.

> 사후 세계가 두렵구나.
> 미지의 세계, 그곳의 개울을 찾았다가
> 돌아온 여행객이 하나도 없다니.

죽음 앞에서 "우리 모두는 겁쟁이"가 되고 맙니다. 그렇기에 인생에서 가장 중요한 것은 하나님 만나는 법을 아는 일입니다. 다행히도 시편 51편이 그 비결을 완벽하게 제시하고 있습니다. 이 시편은 하나님을 만나기까지 거쳐야 할 일정한 단계와 과정이 몇 가지 있으며, 구원의 문제와 하나님을 만나는 일에는 몇 가지 절차가 따른다는 사실을 보여줍니다.

다윗 왕이 쓴 이 시편 51편은 실제로 어떤 변절자의 시, 곧 자신이 끔찍한 죄를 지었음을 깨달은 사람이 쓴 시임을 여러분에게 다시한 번 말씀드립니다. 다윗은 간음과 살인과 기만과 그 밖의 여러 죄를 범했습니다. 그는 많은 죄를 지었지만 한동안 꿈같은 나날을 보냈으며, 자신의 부도덕하고 사악하며 수치스러운 행위가 낳은 결과를 만끽하는 듯했습니다. 그러나 상황이 바뀌어, 하나님께 보내심을 받은 선지자 나단은 비유를 통해 다윗의 죄악상을 폭로했습니다. 진실을 목도하게 된 다윗은 돌연 자신이 죄인임을 자각했습니다. 시편 51편은 그렇게 해서 나왔습니다. 이 시편은 본질적으로 변절자가 쓴 시입니다. 그런데 다윗이 이 시편에서 죄를 고백하는 장면을 보면, 죄는 보편성을 띤다는 사실에 주목하게 됩니다. 죄를 지은 장본인이 죄인이든 변절자든, 신자든 불신자든 상관이 없다는 말입니다. 죄는 언제나 끔찍하다는 동일한 특징을 지닙니다. 그렇기에 우리는 이 시편에서 죄에 대한 가장 완벽하면서도 탁월한 묘사 중 하나를 보게 되며, 인간이 어떤 과정을 거쳐 죄 씻음 받는지를 알게 됩니다. 시편 51편은 흔히 위대한 참회시라 불립니다. 맞는 말입니다. 회개의 본질을 포괄적으로 드러내기 때문입니다.

제가 여러분에게 이처럼 회개를 상기시키는 까닭은, 회개를 통해 구원을 체험하는 과정에서 어떤 공통의 패턴이 매우 뚜렷하게 나타난다는 사실을 강조하고 싶기 때문입니다. 회개를 이런 식으로 설명하면 구원의 포괄적 문제에 대해 혹 석연치 않게 여기는 사람이라도 이해하는 데 도움이 될 것입니다. 여기, 자신들의 삶이 무언가 잘못되고 있다고 뼈저리게 느끼는 사람들이 있습니다. 고민 끝에 그들은 한때 자신들과 처지가 비슷했지만 이제는 놀라운 기쁨과 해방감을 만끽하고 있는 것처럼 보이는 사람들, 그리고 구원에 대해 이야기하는 사람들을 찾아 나섭니다. 걱정에 사로잡힌 그들의 말을 들어 봅시다. "저 사람들에게는 틀림없이 뭔가 있어. 내게도 그것이 있다면 얼마나 좋을까! 그들이 누리는 기쁨을 맛보았으면! 하지만 방법을 모르니……." 제 답변은 전형적인 기독교적 체험에는 언제나 몇 가지 뚜렷한 특징이 나타난다는 것이며, 여러분은 이러한 특징을 어디서든 발견하게 되리라는 것입니다. 성경을 예로 들겠습니다. 성경에 기술된 모든 사건에는 공통의 패턴이 있으며, 그러한 사건에는 몇 가지 확실한 특징이 나타나는데 우리는 이것들에 관심을 갖습니다. 혹은 여러분이 그리스도인들의 전기나 성인들의 생애를 기록한 글을 읽더라도 이러한 공통의 패턴을 반드시 발견하게 됩니다. 몇 가지 확실한 특징은 언제나 나타납니다. 그렇기 때문에 만일 우리가 우리 속에 있는 이러한 것들을 알지 못한다면 우리는 그리스도인이라 할 수 없습니다. 이번에는 찬송가를 예로 들어 봅시다. 각기 다른 작곡가들이 곡을 만들었지만 그 내용은 전부 같습니다. 찬송가에도 공통의 요소와 공통의 패턴이 나타난다는 말입니다. 그리스도인의 체험은 아주 확실하며 아주 구체적이라 할 수 있습니다. 그런 까닭에 누구든 자신을 실제로 테스트할 수 있으며, 자신이 그리스도인인지 아닌지를 판별할 수 있습니다. 신약성경은 우리에게 그렇게 하라고 권면하기도 하고 요청하기도 합니다. 마음속의 불안은 아주 손쉽게 찾아낼 수 있기에 우리는 그 때문에 고민할 필요가 없습니다. 기독교 교리를 애매모호하거나 불확실하거나 하늘 어딘가에 있는 흐릿한 그 무엇으로 생각해서는 결코 안됩니다. 기독교 교리는 확실하기 이를 데 없는 것입니다. 기독교 교리는 삶에서 가장 명확한 것 중 하나입니다.

그러므로 우리는 그것을 시험해 볼 수 있습니다.

　분명 그렇습니다. 어떤 공통의 패턴이 있다는 사실은 당연히 놀랄 일이 아닙니다. 그것은 성령의 역사이기 때문입니다. 성령께서 자신의 영혼 가운데 역사하지 않으시면 어느 누구도 그리스도인이 될 수 없습니다. 그리고 성령님의 이러한 역사가 어느 경우든 동일하게 일어나는 경향이 있다는 것은 놀랄 일이 아닙니다. 성령님은 어떤 흔적을 남기시는데, 그 흔적은 아주 확실한 것입니다. 그렇다고 하더라도, 우리는 기독교적 체험을 그릇된 방식으로 획일화하거나 매사에 어떤 특정한 세부 사항만을 고집하는 어리석음을 범해서는 안됩니다. 제가 경고조로 이 말씀을 드리는 것은, 어떤 사람이 그리스도인의 체험의 대원칙뿐 아니라 세부 사항까지도 획일화하려는 시도를 하여 사람들이 그리스도인의 체험이라는 포괄적 문제를 놓고 고민에 빠진 것을 제가 목격한 적이 있기 때문입니다.

　한 가지 실례를 들어 제 말뜻을 설명하겠습니다. 존 버니언[John Bunyan]의 『죄인 괴수에게 넘치는 은혜』[Grace Abounding to the Chief of Sinners]를 읽어 본 사람이라면, 버니언이 회개의 문제를 놓고 장장 18개월 동안이나 고민했으며 그 기간 동안 앉으나 서나 고민만 하면서 지냈노라고 토로하는 대목이 떠오를 것입니다. 자신이 얼마나 비참하고 불쌍하다고 느꼈는지, 한번은 들판의 기러기를 보고서는 차라리 기러기가 되어 회개 때문에 더 이상 괴로워하는 일이 없었으면 좋겠다고 한탄하던 때도 있었답니다. 어떤 날은 이른바 지옥의 열린 문턱까지 끌려가

지독한 유황 냄새를 맡는 꿈을 꾼 적도 있었다고 털어놓았습니다. 최근에 버니언처럼 비슷한 고민을 했다고 하는 사람들을 만난 적이 있습니다. "목사님도 아시겠지만, 제 평생 가장 큰 소원이 그리스도인이 되는 것 아닙니까? 몇 년 동안 애를 많이 썼지요." 제가 "그래, 무슨 걸림돌이라도 있습니까?"라고 묻자 그들은 "회개라고는 이제껏 단 한 번도 한 적이 없거든요"라고 대답했습니다. 제가 "형제님은 대체 무슨 근거로 그런 말씀을 하십니까?"라고 다시 묻자, 그들은 "존 버니언을 보세요. 우리는 그렇게 처절하게 고민한 적도 없지요. 인간이 아니라 동물이라면 얼마나 좋을까 하고 바란 적도 없지요. 게다가 지옥의 열린 문턱까지 끌려가 지독한 유황 냄새를 맡는 꿈을 꾼 적도 없거든요"라고 대답했습니다. 그들은 존 버니언처럼 특별한 체험이 없었기에 자신은 회개하지 않았다고 생각한 것입니다. 예전에 아들 문제로 고민이 많았던 한 그리스도인을 만난 적이 있습니다. 그는 내심 자기 아들이 그리스도인이 아닌 것이 천만다행이라고 생각하는 듯했습니다. 까닭을 묻자 그는 자기 아들이 "다메섹 도상의 회심 체험"을 한 적이 결코 없다는 것입니다. 자기는 바울의 체험과 유사한 체험을 하면서 회심이 급작스럽게 이루어졌다는 것입니다. 자기 아들은 그런 회심 체험이 없으니까 그리스도인으로 볼 수 없다는 것이었습니다. 회심 체험은 저마다 사뭇 다른데 그러한 체험을 하나로 뭉뚱그려 일반화하는 것은 위험하다는 제 말뜻을 이해하시겠습니까? 천국에 가면 존 버니언과는 판이하게 다른 체험을 한 사람이 많을 것입니다. 하지만 그들이 존 버니언과 마찬가지로 회개했다는 것은 분명한 사실입니다.

어쨌든 우리는 이 문제를 매우 조심스럽게 다뤄야 합니다. 아니면 이렇게도 설명할 수 있습니다. 시편 51편에는 회개에 따른 여러 단계와 과정이 특정한 시간 순서로 나타나는데 우리가 굳이 이를 고집해서는 안 된다는 생각이 듭니다. 뭐든 하나의 틀로 정형화해야 직성이 풀리는 사람들이 더러 있는데, 저는 여기서 그들의 입장을 두둔할 생각이 없습니다. 제 말은 회심 사건과 회개 사건이 일어날 때마다 거기에는 일정한 공통의 요소가 나타난다는 것입니다. 공통적인 패턴이 나타나기는 하지만, 회심과 회개에 따른 단계와 과정이 매번 동일한 것은 아닙니다. 경우에 따라 앞서거니 뒤서거니 할 수 있습니다. 저는 그러한 단계와 과정이 반드시 정형화된 방식으로 나타나야 한다고 말하지 않습니다. 제 말은 고백하지 않은 죄가 더러 남아 있거나 회개하지 않거나 하는 사람은 그리스도인이 아니라는 점입니다.

우리는 이 문제를 다른 각도에서 살펴볼 수 있습니다. 어떤 이유를 내세워 회개의 포괄적 문제를 회피한다는 인상을 주는 사람들이 있습니다. 그들은 이런 논리를 펼칩니다. "시편 51편이 회개의 문제를 탁월하게 다룬 시편이라는 목사님의 말씀은 백번 옳습니다. 자신이 저지른 끔찍한 범죄에 비추어 볼 때 다윗이 통렬히 참회했다는 것은 그리 놀랄 일이 아니지요. 하지만 목사님도 아시다시피, 하나님

49

께 감사하게도, 저는 간음죄를 지은 것도 살인죄를 지은 것도 아니기에 목사님의 시편 51편 설교가 가슴에 와 닿질 않는군요. 그런 끔찍한 죄를 저지른 사람에게는 큰 도움이 되겠지만 말입니다. 설마 제가 제2의 다윗이 되기를 기대하시는 것은 아니겠지요? 제가 대죄를 지었다면 마땅히 그런 죄책감을 느껴야겠지요. 그러니 제가 지금 다윗처럼 참회하기를 기대하시지는 않겠지요?" 이런 입장을 가진 사람이 많이 있는데, 제가 이에 대해 짧게 답한다면, 회개란 자신이 지은 죄의 형태나 종류에 따라 달라지는 것이 결코 아니라는 점입니다.

죄인 다윗은 자신에 대해 이렇게 토로하지만, 저는 여기서 다윗과는 유형이 다른 사람 하나를 소개할까 합니다. 찰스 웨슬리^{Charles Wesley}라는 사람인데, 우리는 이분이 작곡한 찬송가를 즐겨 부릅니다. 보십시오, 찰스 웨슬리는 간음죄나 살인죄는 말할 것도 없고, 죽을 때까지 다윗처럼 다른 죄를 범한 적도 없는 사람입니다. 찰스 웨슬리는 선하기 이를 데 없는 사람이었습니다. 아버지의 대를 이어 목사가 된 그는 경건함이 돋보이는 목회자였고, 그의 어머니 역시 돈독한 신앙에 인품까지 뛰어난 그리스도인이었습니다. 목사관에서 성장한 그는 형 존 웨슬리^{John Wesley}와 더불어 옥스퍼드 대학교에 진학하면서 경건한 삶을 살기 위해 신성클럽^{Holy Club}을 결성했습니다. 이미 옥스퍼드 대학교의 학부 시절부터 웨슬리 형제는 교도소를 방문해 복음을 전하기도 했고 가난한 사람들을 돕기 위해 자신들의 주머니를 털기도 했습니다. 찰스 웨슬리는 언제나 선한 삶을 살았으며, 무슨 일을 하든 믿음과 경건함을 드러내었고 하나님을 기쁘시게 했습니다. 그런데 말입니다, 여러분도 기억하시겠지만 그런 그가 다윗처럼 충격적인 고백을 털어놓았습니다.

의롭고 거룩하여라, 주님의 이름.
나는 부정하기 이를 데 없는 사람,
죄와 허물로 가득 차 있구나.

다윗처럼 끔찍한 죄를 범한 적이 없는 한 총명한 젊은이가 이렇게 참회하고 있습니다. 이와 비슷한 사례는 얼마든지 들 수 있습니다. 오거스터스 탑레이디Augustus Toplady의 위대한 찬송가가 그 한 예입니다. 언제나 경건한 삶으로 일관한 그 역시 다윗처럼 사악한 범죄를 저지른 적이 단 한 번도 없습니다. 그런 그가 이렇게 찬송했습니다.

이 죄인, 정결케 하는 샘으로 달려가오니,
씻어 주소서, 구세주여, 이대로 죽지 않도록.

사랑하는 여러분, 우리는 이 죄책감의 문제를 회피할 수 없습니다. 사실들은 여러분에게 불리하게 나타나고 있습니다. 죄책감은 우리가 짓는 죄의 특성에 따라 달라지지 않습니다. 성경이 이를 입증하고, 찬송가가 이를 입증하고, 그리스도인들의 전기가 이를 입증합니다.

그런데 이 문제로 마음이 편치 못한 사람들이 있는 듯합니다. 그들의 말을 들어 보면, 죄책감이란 전적으로 성격과 관련된 문제, 특정한 유형의 성격과 관련된 문제임이 확실하다는 것입니다. 심리학 서적을 몇 권 읽었는데 거기서 심리학자들이 말하는 "두 번 태어나는"twice-born 유형의 인간이 있음을 알았다고 그들은 말합니다. 심리학자들에 의하면, 두 번 태어나는 유형의 인간은 자신을 살피는 일에 꽤 많은 시간을 투자한답니다. 반면 또 다른 유형이 있는데 이른바 "한 번 태어나는"once-born 유형의 인간입니다. 이 유형의 인간은 자신의 영혼을 살피는 일에는 인색하지만 교양이 있으며 첫 번째 유형에 비해 보다 균형 잡혀 있습니다. 게다가 첫 번째 유형과는 달리 내성적이지도 음울하지도 않습니다. 다윗, 다소 출신의 사울, 웨슬리 형제, 오거스터스 탑레이디와 같이 두 번 태어나는 유형에 속하는 사람들은 위대한 회심 체험을 하거나 그럴 확률이 높지만, 한 번 태어나는 유형에 속하는 사람들은 자신의 현재 삶에 아무런 문제가 없다고 보기에 회개의 문제로 고민할 필요가 없다고 그들은 주장합니다. 사람마다 천차만별인데 모든 사람이 똑같은 체험을 할 까닭이 어디 있느냐고 항변합니다.

외관상 그들의 주장과 논리는 매우 설득력 있어 보입니다. 하지만 우리가 그들의 논리가 타당한지를 알려면 사실에 비추어 검증하는 도리밖에 없습니다. 그 사실이란 과연 무엇일까요? 여러분이 성경을 죽 훑어보면 믿음의 영웅들을 만나게 되는데, 깜짝 놀랄 만한 사실은 이 영웅들의 성격이나 기질이 달라도 한참이나 다르다는 것입니다. 성경에는 인간의 상상을 초월할 정도로 각양각색의 기질과 성격이 혼합되어 있는 사람들이 부지기수라고 저는 주저하지 않고 말씀드립니다. 열두 제자를 보십시오. 요한과 베드로는 성격이 판이했습니다. 바울은 또 어떻습니까? 이것은 부인할 수 없는 사실입니다. 성경 자체가 이를 입증합니다. 여러분이 교회사를 시대별로 죽 살펴보면 이와 동일한 사실을 확인하게 될 것입니다. 교회를 살펴보더라도 쾌활한 유형, 격하기 쉬운 유형, 차분한 유형, 민감한 유형, 냉담한 유형에 이르기까지 매우 다양합니다. 유형은 각각 다르지만 공통점이 있습니다. 현대 교회에도 여러분이 상상할 수 있는 매우 다양한 유형의 신자들이 있는데, 그들 가운데 몇 사람을 뽑아 간증을 들어보면 동일한 진술이 나타납니다. 그것은 자신들이 정결케 하는 샘으로 달려가야만 하는 죄인이라는 사실입니다. 그렇습니다. 회개는 인간의 기질—어떤 유형의 기질이든—과는 무관합니다. 회개와 기질 사이에 연관성이 있다는 그들의 주장은 사실 앞에 무너져 내렸습니다. 이제 여러분이 회개라는 특정한 문제로 혼란에 빠지는 일은 더 이상 없으리라 믿습니다.

제 주장은 이렇습니다. 회개와 구원이 일어날 때마다 거기에는 언제나 몇 가지 특징이 나타나는데, 만일 여러분이 삶과 체험을 통해 그러한 특징을 발견하지 못한다면 그리스도인이라는 이름표를 떼어

버리는 것이 나을 것입니다. 우리는 앞서 이러한 특징들을 살펴보았습니다. 회개하는 사람은 먼저 자신을 직시하고 살핍니다. 하던 일을 중단하고 자신을 살피지 않는 사람은 그리스도인이 될 수 없습니다. 세상은 가능한 온갖 수단을 동원해 자신을 살피지 못하게 방해합니다. 여기저기 바쁘게 돌아다니게 만들어 자신을 성찰하는 시간을 확보하지 못하게 합니다. 하지만 그리스도인들은 자신이 어떤 존재인지, 자신이 어떤 일을 했는지를 이미 성찰했습니다. 자신의 죄과·죄악·죄를 목도했으며, 그러한 행위가 어떤 의미를 지니는지 깨달았습니다. 자신이 하나님께 범죄했으며, 자신의 본성이 부패할 대로 부패했음을 깨닫습니다. 저는 그러한 깨달음을 "죄인의 각성"—자신을 직시하고 자신에 관한 최초의 진실에 눈뜨는 것—이라고 이름 붙이겠습니다. 하지만 우리는 다음 단계로 전진해야 합니다.

두 번째 특징은 **자신의 상태와 처지를 살핀 후 절망에 빠져** 그에 따른 회개를 하지 않은 사람이 그리스도인이 된 적은 한 번도 없다는 사실입니다. 이는 "하나님이여, 내게 은혜를 베푸소서"라는 다윗의 고백을 보면 분명히 알 수 있습니다. 이 시편의 저자는 벼랑 끝에 서 있었습니다. 자신의 상태와 처지를 생각하면 가슴을 짓누르는 아픔이 느껴졌습니다. 그는 더는 어쩔 도리가 없었습니다. 일생일대 가장 심각한 문제에 부닥친 것입니다. 다윗은 매우 부유한 왕이었고 그의 왕국 또한 넘치는 재물을 주체할 수 없었습니다. 하지만 자신의 실상을 목도하자 다윗은 그 많은 재산·권력·지위가 다 소용없다는 것을 깨달았습니다. 이 문제는 소홀히 다룰 성질의 것이 아님을 간파한 다윗은 "죄책감에서 벗어나 평안을 누리고 하나님과의 관계를 회복해야겠다"고 결심합니다. 이제 하나님과의 관계 회복은 그의 삶에서 가장 중요한 문제로 떠올랐습니다. 저는 더 이상 이 문제로 씨름할 생각이 없습니다. 어쨌거나 분명한 사실이니까 말입니다. 성도 여러분, 성경을 다시 읽어 보시고, 성인들의 전기와 찬송가도 다시 읽어 보십시오. 어느 때고 회개했던 사람은 하나같이 어느 시점에서 다윗처럼 특별한 체험을 한 순간이 있었다는 사실을 발견할 것입니다. 그는 자신의 영혼에, 하나님과의 관계에 심각한 문제가 있음을 간파했습니다. 여기에 더 이상 덧붙일 말씀은 없습니다. 대신 질문 하나 드리겠습니다. 여러분은 한 번이라도 여러분 자신과 영혼의 상태에 관심을 기울인 적이 있습니까? 여러분은 영혼의 상태에 대해 걱정하고 고민한 적이 있습니까? 거듭 말씀드리지만 만일 그렇지 않다면, 여러분이 교회의 등록 신자가 되더라도 아무런 소용이 없으며 여러분은 그리스도인이라는 호칭을 완전히 오용하는 것입니다. 이것은 회개하고 그리스도인이 되는 사람은 누구도 피할 수 없는 문제입니다.

이 문제를 좀 더 짚고 넘어가는 것이 좋겠습니다. 이렇게 말하는 사람이 있다고 상상해 봅시다. "저는 그런 걱정을 한 적이 결코 없습니다. 그럴 필요조차 느끼지 않습니다. 저는 종교적인 분위기에서 성장했고, 예배에도 참석했으며, 착한 일도 했고, 불쌍한 사람을 도와

주기도 했습니다. 그러니 목사님께서 말씀하시는 그런 걱정을 제가 굳이 할 필요가 있을까요?" 글쎄요. 저는 그렇게 생각하는 것 자체가 가장 큰 죄라는 생각이 듭니다. 이 문제를 이런 식으로 설명하겠습니다. 성도 여러분, 성인들의 삶을 다시 살펴보시기 바랍니다. 믿음이 깊은 이 사람들, 제가 앞서 언급했던 경건한 이 사람들은 하나님이 보시기에 자신이 죄인임을 깨달았습니다. 그런데도 여러분은 이 사람들과는 다르다고 생각합니다. 저로서는 이해가 가질 않습니다. 성인이라고 일컬음받은 사람치고 자신을 사악한 죄인으로 여기지 않았던 사람은 역사상 단 한 명도 없었습니다. 자신이 사악한 죄인이라는 자각이 없다면 여러분은 성인 근처에도 못 가는 사람입니다.

저는 여기서 이 문제를 좀 더 상세하게 다룰 생각입니다. 성도 여러분, 하나님께서 어떤 분이신지, 하나님께서 어떤 일을 하시는지, 이 시간 잠시 생각해 보시기 바랍니다. 어떤 사람이 찰스 웨슬리가 쓴 찬송가 「나는 전적인 죄인이요」와 「나는 더러운 죄로 가득 찼네」를 비판한 기사를 읽은 적이 있습니다. 그 사람은 이런 논리로 웨슬리를 흠잡았습니다. "가령, 일자리를 찾고 있는 사람이 면접관에게 '저는 더러운 죄로 가득 찼습니다'라고 말한다면 취직은 그야말로 물 건너가고 말 것입니다." 그 사람은 자신이 내세운 논리로 문제의 결말을 지었다고 생각했습니다. 하지만 여러분도 아시다시피 그 사람이 간과한 것이 있습니다. 저는 어째서 그 사람이 자신과 별반다를 바 없는, 같은 인간에게 그런 비판을 퍼붓는지 그 이유를 모르겠습니다. 찰스 웨슬리는 사람들 앞이 아니라 하나님 앞에서 자신에 대한 이야기를 했던 것입니다. "하나님은 빛이시라. 그에게는 어둠이 조금도 없으시다"^{요일 1:5}. 여러분은 이 말씀이 이해가 됩니까? 하나님께서는 순전한 거룩함, 절대적 거룩함이시기에 그분에게는 흠이나 결점이 없습니다. 이 말씀도 이해하기가 쉽지 않을 것입니다. 하나님만이 우리의 관심 대상입니다. 그런데 하나님께서 우리에게 요구하시는 것은 무엇입니까? 그것은 "네 마음을 다하며 목숨을 다하며 힘을 다하며 뜻을 다하여 주 너의 하나님을 사랑하고 또한 네 이웃을 네 자신같이 사랑하라"는 것입니다. 성도 여러분, 문제는 여러분이 간음죄나 살인죄를 저질렀느냐가 아니라 마음을 다하며 목숨을 다하며 힘을 다하며 뜻을 다해 하나님을 사랑했으며 또한 지금도 사랑하고 있느냐입니다. 그렇지 않다면 여러분은 죄인입니다. 하나님께서는 우리가 그렇게 할 것을 요구하시며, 또한 그렇게 요구할 권리도 갖고 계십니다. 그분은 하나님이시며, 우리를 지으시되 자신을 위해 지으셨기 때문입니다. "인간의 으뜸가는 목적은 하나님을 영화롭게 하는 것"이며, 하나님을 영화롭게 하지 않는 것은 따라서 가장 큰 죄입니다. 여러분은 하나님을 영화롭게 합니까? 여러분은 하나님께서 날마다 베푸시는 선함과 자비 그리고 은혜에 감사드립니까? 여러분은 하나님께 찬양과 존경과 영광을 돌립니까? 여러분의 최대 관심사가 하나님께서 더욱 큰 영광을 받으시는 것입니까? 예수 그리스도께서는 자신의 사역의 최대 목표가 하나님을 영화롭게 하는 것이라고 말씀하셨습니다. 모든 사람이 그렇게 하라는 부름을 받고 있으며, 따라서 그렇게 하지 않는 것은 죄입니다. 여러분은 다니엘이 또 다른 왕 벨사살에게 이 문제를 어떻게 거론했는지를 기억하실 것입니다. "왕의 호흡을 주장하시고 왕의 모든 길을 작정하시는 하나님께는 영광을 돌리지 아니한지라"단 5:23. 본질적인 죄란 특정한 행위의 죄를 짓는 것이 아니라, 하나님을 영화롭게 하지 않는 것이며 하나님을 위해 살지 않는 것입니다. 하나님은 인간을 지으셔서 하나님 자신에게 영광을 돌리게 하셨기 때문에 그렇게 하지 않거나 그렇게 하기를 거부하는 것은 가장 본질적인 죄에 해당됩니다. 때문에 회개하는 자마다 언제나 그렇게 하지 못하는 자신의 영혼을 걱정하며 자신에 대해 절망하는 것입니다. 여러분은 하나님을 섬기며 사랑하며 갈망하십니까? 그분을 영화롭게 하려 애를 씁니까? 그렇게 하는 일이 최우선입니다.

그다음으로 제가 언급하고 싶은 것은 **용서를 바라는 마음**입니다. "하나님이여, 주의 인자를 따라 내게 은혜를 베푸시며 주의 많은 긍휼을 따라 내 죄악을 지워 주소서. 나의 죄악을 말갛게 씻으시며 나의 죄를 깨끗이 제하소서." 이 말씀을 달리 표현하면, 회개하는 사람은 언제나 자신이 죄인임을 의식합니다. 그는 이렇게 토로합니다. "하나님을 대면하고 하나님을 생각할 때면, 하나님의 율법과 하나님의 기준을 직면할 때면, 내가 죄인이라는 사실을 깨닫게 된다. 지금까지의 삶을 돌이켜 보면, 기도하지 않은 날도, 하나님께 감사하지 않은 날도, 또한 그분을 까맣게 잊은 날도 있었다. 곧바로 나 자신을 점검한 결과, 나쁜 줄 알면서도 행한 일들이 있었고 마음과 생각과 상상을 통해 지은 죄들도 있었다. 나는 내가 죄인임을 알았다." 회개하는 사람은 자신이 죄를 지었음을 알기에 용서를 구하는 마음이 간절합니다. 그는 "내 죄악을 지워 주소서"라는 다윗의 탄원이 어떤 의미를 지니는지 이해합니다. 자신이 부정하다고 생각하기에 죄 씻음 받기를 간절히 바랍니다. 회개하는 사람은 악과 죄 그리고 부정한 것으로 인해 자신이 더러워졌고 오염되었음을 알고 있습니다. 자신의 겉과 속이 부정하며 자신이 죄로 얼룩졌음을 알고 있습니다. 때문에 그는 자신이 지은 죄에서 씻음받고, 정결케 되고, 깨끗케 되기를 갈망합니다.

진심으로 회개하는 모든 영혼과 참된 그리스도인에게 나타나는 그다음 특징은 **자신이 전적으로 무력한 존재라는 자각과 의식**입니다. 다윗의 시편에서 이 사실을 엿볼 수 있습니다. 그는 이제 어떻게 해야 할지 막막하기만 합니다. 다윗의 문제는 무엇입니까? 자신의 양심을 진정시킬 수 없다는 것입니다. 다윗의 양심은 그를 고발하고 있으며, 그가 어떤 행동을 하든 양심은 가만히 있지를 않고 죄를 폭로합니다. 양심이 깨어나면 이를 감당할 수 없는데, 조만간 모든 사람들의 양심은 깨어나고 말 것입니다. 오래 살면서도 양심의 깨어남을 체험하지 못하는 경우도 있겠지만 아직 끝난 것은 아닙니다. 누구나 필연적으로 임종을 맞이하는데, 그 자리에서 양심이 깨어날 수도 있

59

죄인의
무력함

고 사후에 깨어날 수도 있습니다. 부자가 죽어 지옥에 갔을 때 거기서 아브라함의 품에 있는 거지를 보는 순간 자신의 양심이 깨어났다는 이야기[눅 16:19-31]를 여러분은 기억할 것입니다. 양심은 무서운 것입니다. 다윗은 여기서 양심을 잠재우려 하지만 뜻대로 되지 않습니다. 부자인데다가 소와 양도 많이 있는 다윗은 양심을 잠재울 수만 있다면 뭐든 포기할 심산인데 자신의 힘으로는 어쩔 도리가 없습니다. 여러분이 지나온 삶을 회고하면서 어떤 과오들이 발견되면, 그 과오들을 제거하고 그 흔적들을 없애고 싶은 마음이 들지 않습니까? 하지만 여러분의 힘으로는 그렇게 할 수 없습니다. 다윗뿐 아니라 그리스도인이 된 사람들은 모두 그런 사실을 깨달았습니다. 다윗 역시 평안을 누리기 위해 온갖 시도를 했지만 실패로 끝났습니다. 잠이 제대로 오지를 않습니다. 양심은 언제나 그를 그림자처럼 따라다니기에 그것에서 벗어날 길이 없습니다.

제 말은 여러분이 반드시 어떤 특별한 느낌을 가져야 한다는 것이 아니라, 어느 시점에서 평안과 안식과 고요를 찾으려는 치열한 노력을 하지 않는다면 여러분은 그리스도인이 될 수 없다는 것입니다. 위대한 성인 어거스틴은 이 사실을 알고 있었습니다. 꽤 오랜 기간 동안 영혼의 불안을 느꼈던 그는 마침내 이렇게 울부짖었습니다. "주님은 주님 자신을 위해 우리를 지으셨습니다. 우리가 주님 안에서 안식을 찾기 전에는 평안이 없습니다." 여러분은 이런 불안을 느낀 적이 있습니까? 여러분은 죄의식을 떨쳐 버리기 위해 어거스틴처럼 양심과 정신과 마음의 평안 그리고 안식을 찾으려는 노력을 기울인 적이 있습니까?

다윗은 자신이 전적으로 무력한 존재임을 알았습니다. 나아가 자신이 전혀 손을 쓸 수 없음을 깨달았습니다. 다윗의 고백을 들어 봅시다. "주께서는 제사를 기뻐하지 아니하시나니 그렇지 아니하면 내가 드렸을 것이라. 주는 번제를 기뻐하지 아니하시나이다." 가련한 다윗, 저는 그의 심정을 너무 잘 압니다! 앞서 말씀드렸듯이, 다윗은 부자였기에 희생제사를 드리는 일이라면 조금도 마다하지 않겠다고 합니다. "내게는 양과 소가 많아 큰 제물을 바칠 수 있지. 하지만 '온 언덕에서 노니는 가축들'이 모두 주님의 것, 하늘과 땅에 있는 모든 것이 다 주님의 것. 나는 주님께 바칠 것이 없네. 제물을 바쳐서 되는 일이라면 얼마든지 그렇게 하겠지만, 주께서는 제사를 기뻐하지 아니하시네."

진정으로 회개하는 사람은 누구나 이 말뜻을 알아들을 것입니다. 아시다시피 양심이 깨어나면 정신이 퍼뜩 들어 여러분은 이렇게 말할 것입니다. "이제부터는 마음을 잡고 제대로 한번 살아 보자. 버릴 것은 버리고 새 출발을 시작하자." 이런 다짐이 계속되지만 여러분은 아직도 평안과 안식과 고요를 발견하지 못했습니다. 이런 일이 계속돼 마침내 자신의 다짐만으로는 충분치 않다는 사실을 깨닫게 될 때 비로소 여러분은 자신이 완전히, 전적으로, 그리고 절대적으로 무력한 존재임을 알게 됩니다. 성도 여러분, 아직도 여러분에게 일말의 자신감이 남아 있습니까? 여러분은 자신의 힘으로 그리스도인이 될 수 있다고 생각하십니까? 여러분은 자신의 삶이 하나님을 만족시켜 드릴 수 있다고 생각하십니까? 여러분에게 다시 묻습니다. 여러분은 마음을 다하며 목숨을 다하며 뜻을 다하며 힘을 다하여 여러분의 주 하나님을 사랑하십니까? 여러분의 이웃을 여러분 자신과 같이 사랑하십니까? 이 두 계명은 하나님께서 주신 것으로 첫째와 둘째가는 위대한 계명들입니다. 하나님께서는 이 두 계명의 준수 여부에 따라 여러분을 심판하실 것입니다. 자기 의를 더 이상 신뢰하지 마십시오. "순전히 자신의 노력으로 하나님을 만족시키려는" 이 같은 도덕과 선을 행하려는 노력을 버리십시오. 여러분은 하나님 앞에서 전혀 손을 쓸 수 없음을, 전적으로 무력한 존재임을 깨달으십시오. "주께서는 제사를 기뻐하지 아니하시나니 그렇지 아니하면 내가 드렸을 것이라."

마지막으로, 그러나 회개하고 그리스도인이 되는 사람들을 보면 정말 깜짝 놀랄 만한 변화가 일어났음을 알 수 있는데, 그것은 바로 **하나님을 대하는 태도가 전혀 달라졌**다는 것입니다. 다윗의 경우가 이를 여실히 증명합니다. 이 얼마나 놀라운 사건입니까! 어쩌면 다윗의 변화야말로 우리가 회개했는지의 여부와 우리가 현 위치에서 하나님을 어떻게 대하고 있는지를 가늠할 수 있는 가장 정교하면서도 섬세한 시금석일지도 모른다고 저는 주저하지 않고 말씀드립니다. 여러분은 시편에서 이 사실을 눈여겨보았습니까? 다윗은 하나님께 죄를 지었습니다. 그런데도 그는 다른 그 무엇보다 하나님만을 애타게 찾습니다. 여기서 우리는 양심의 가책과 회개가 다른 것임을 알게 됩니다. 회개한 적이 없고 양심의 가책만을 느끼는 사람은 자신이 하나님께 죄를 지었음을 깨닫게 될 때 그분을 멀리합니다. 에덴동산의 아담과 하와 이야기를 기억할 것입니다. 그들은 죄를 짓고 나서 하나님의 낯을 피하려 듭니다. 아담과 하와는 그 시점에서 회개하지 않았습니다. 성령님의 간섭을 받지 않으며 죄의 확신과 자각이 없는 사람은 하나님에게서 도망치려 하며 그분을 피하려고만 합니다. 그런 사람은 자신을 살피지도, 성경을 읽지도, 기도하지도 않습니다. 자신이 저지른 죄를 잊을 수만 있다면 뭐든 마다하지 않습니다. 하지만 성령님의 역사로 말미암아 자신의 죄를 깨닫는 사람에게는 놀라운 변화가 일어납니다. 그것은 자신이 하나님께 죄를 지었음에도 그분만을 애타게 찾으며 "하나님, 제게 자비를 베푸소서"라고 탄원하는 것입니다. 이 사람은 하나님 곁에 있기를 원합니다. 자신이 죄를 지은 대상을 간절히 찾는 것이야말로 회개의 특이한 역설입니다! 따라서 저는 이 역설을 다음과 같이 설명합니다. "회개하지 않는 자는 하나님을 피하지만, 회개하는 자는 오직 하나님만이 영혼의 갈급함을 채우실 수 있다고 믿습니다." 한 걸음 더 나아가, 회개하는 죄인은 자신이 하나님께 요구할 자격이 없음을 알면서도 그분에게 기대어 뭔가 아뢰기 시작합니다. 그는 하나님만이 자신의 도움이라고 믿으며, 번제나 희생제사도 소용이 없고 세상 그 무엇으로도 자신을 깨끗하게 할 수 없음을 깨닫습니다. "이제 어떻게 하면 좋을까?" 그는 질문을 던집니다. "어떻게 하면 죄의 흔적을 없앨 수 있을까?" 하나님만이, 오직 하나님만이 그 일을 하실 수 있습니다.

그런데 뒤에 가서 자세히 다루겠지만 정말 놀라운 일이 일어납니다. 회개하는 죄인은 하나님께서 자신의 허물과 죄를 없앨 수 있는 능력이 있으실 뿐 아니라 언제든 그렇게 하실 의향도 있으시다는 사실을 깨닫습니다. 다윗은 "하나님, 제게 자비를 베푸소서"라고 간구합니다. 다윗은 하나님께서 자비를 베푸시는 분임을 알고 있습니다. 달리 무슨 간구를 할 수 있을까요? "주의 인자를 따라 내게 은혜를 베푸[소서]." 이 얼마나 놀라운 간구입니까! 그러나 그는 여기서 그치지 않고 "주의 많은 긍휼을 따라 내 죄악을 지워 주소서"라고 덧붙입니다. 이것이 바로 회심자의 역설입니다. 다윗은 자신이 거룩하신 하나님께 죄를 지었다는 것을 알고 있습니다. 그럼에도 다윗은 그 하나님께서 인자하시며 크신 긍휼을 베푸신다는 것도 알고 있기에 그분의 자비에 몸을 맡기며 "내게 은혜를 베푸소서"라고 간구합니다. 여러분은 예수께서 세리에 대한 비유를 말씀하면서 이 문제를 어떻게 설명하셨는지 기억하실 것입니다. 기도하러 성전에 올라갔던 세리는 자신이 죄인임을 깨달았기에 감히 눈을 들어 하늘을 쳐다보지도 못하고 이렇게 울부짖습니다. "하나님이여, 불쌍히 여기소서. 나는 죄인이로소이다"눅 18:13.

다윗은 하나님이 이런 분이시라는 것을 어떻게 알았을까요? 답은 당연히 그가 몸소 체험했다는 것입니다. 하나님께서는 끔찍한 죄를 범한 다윗에게 복을 내려 주셨고, 은혜를 베푸셨으며, 또한 자비를 나타내셨습니다. 그러므로 다윗은 이렇게 고백합니다. "이제 나는 거리낌 없이 그분께 나아갈 수 있다. 예전의 나는 거짓말을 일삼았고, 사람을 죽였으며, 무고한 사람의 피를 흘렸다. 나는 도저히 용서받지 못할 죄인이지만 거룩하기 이를 데 없는 하나님께서는 내게도 은혜를 베풀어 주신다. 하나님은 인자하시며 긍휼이 많은 분이시다. 이제 내가 거리낌 없이 그분께 나아가면 그분은 나를 모른 체 하지 않으실 것이다."

다윗은 하나님이 어떤 분이신지를 알았지만, 성도 여러분, 여러분과 저는 그분에 관해 다윗보다 훨씬 더 많은 것을 알고 있습니다. 여러분 가운데 혹시 자신이 죄인임을 깨닫지만 평안을 찾지 못한 분이 계십니까? 여러분은 평안을 찾아 나섭니까? 여러분에게 묻습니다. 하나님께 자신을 맡겼습니까? 어떤 사람이 제게 와서 "그렇지만 제가 어떤 일을 저질렀는지 목사님이 아신다면 하나님께 자신을 맡기라는 권고는 못 할 겁니다. 저는 하나님이 두렵거든요"라고 말합니다. 여러분에게 간곡히 당부합니다. 현재 모습 그대로 하나님께 자신을 의탁하십시오. 다윗은 하나님께서 은혜를 베푸시며, 인자를 보이시며, 또한 긍휼이 많은 분이심을 알았습니다. 그러나 여러분과 저는 다윗이 하나님을 알았던 방식보다 무한히 크고 심오한 방식으로 그분을 알 수 있는 특권을 받았습니다. 성찬식의 떡과 포도주는 어떤 의미를 지닙니까? 그 떡과 포도주는 2,000년 전 어느 때 은혜로우신 하나님, 인자하신 하나님, 긍휼이 풍성하신 하나님께서 이 세상에 독생자를 보내 주셨음을 상기시키고 기념케 하시려는 상징입니다. 하나님께서 독생자를 보내신 것은 여러분과 저의 죄를 예수님이 대신 지도록 하시기 위해서였습니다. 하나님께서는 우리의 죄를 독생자에게 전가하셨으며 독생자 예수께서는 십자가에서 죄를 멸하셨습니다. 하나님께서는 그리스도 안에서 우리 죄를 멸하셨고 우리에게 거저 용서를 베푸셨습니다.

그분께 담대히 나아가라.
세상 그 누구도 신뢰하지 말고
오로지 그분께 나아가라.

우리의 죄로 인해 큰 상처를 입으셨던 그 하나님께서 구원의 길을 여셨다는 사실, 이보다 더 놀라운 소식이 또 있겠습니까? 하나님의 놀라운 사랑, 그 무한한 사랑이 우리를 또다시 전율케 합니다. "하나님이 세상을 이처럼 사랑하사 독생자를 주셨으니 이는 그를 믿는 자마다 멸망하지 않고 영생을 얻게 하려 하심이라"요 3:16. 하나님의 사랑이 해답입니다. 하나님의 사랑은 또한 죄를 판단하는 척도이기도 합니다. 아시다시피 하나님께서는 어떻게든 죄의 문제를 다루셔야 했습니다. 죄는 그 정도로 무서운 것입니다. 여러분의 선행으로는

죄값을 치르기에 역부족입니다. 그것으로 충분했다면 그리스도께서
돌아가셔야 할 아무런 이유가 없었을 것입니다. 그리스도께서 십자
가에 달려 돌아가신 이유는 무엇입니까? 여기에 그 유일한 해답이
있습니다.

다른 그 무엇으로도
죄값을 치르기에는 충분치 않았다네.
그분만이 천국문을 여셔서
우리를 들어오라 하시네.

하나님께 감사드립시다. 그분이 죄값을 치르셨습니다.

의롭다 여긴 나, 한마디 간구도 하지 않았네.
그러나 주께서 나를 위해 피 흘리셨네.
주님 나를 오라 하셨네.
하나님의 어린양, 내가 이제 갑니다.

여러분은 자신의 영혼에 대해 걱정하십니까? 여러분은 자신의
현재 상황이 어떤지 아십니까? 여러분은 죄의 문제로 고민하고 있습
니까? 여러분은 죄의 문제를 직시하고 있습니까? 여러분에게 묻습
니다. 바야흐로 그래야 할 때가 되지 않았습니까? 하나님은 살아 계

십니다. 우리는 그분을 피할 수 없습니다. 우리는 하나님을 바라보아야 합니다. 그렇게 할 수 있는 유일한 길은 예수 그리스도 안에 있습니다. 그분을 믿고, 그분께 자신을 맡기고, 영원한 구원을 얻으시기 바랍니다.

3.

죄인의
간절한 욕구

시 51:10

하나님이여,
내 속에 정한 마음을 창조하시고.

제가 시편 51편으로 여러분의 주의를 환기시키는 것은, 이 시편이 회개의 교리 전체에 대한 탁월한 고전적 진술일 뿐만 아니라, 그와 동시에 참된 그리스도인이 되고자 하는 사람이라면 누구나 반드시 거쳐야 하는 여러 단계와 과정들을 대단히 명료하면서도 설득력 있게 드러내고 있기 때문임을 여러분께 거듭 상기시키고자 합니다. 기독교 교리에는 필수적인 요소들이 몇 가지 있습니다. 저는 이 자리에서 그 요소들을 모두 진술하고 옹호할 생각은 없습니다. 이 시대의 가장 커다란 비극 중 하나는 그리스도인이 되는 과정에 대해 보통 사람들이 모호한 관념을 갖고 있다는 것입니다. 우리는 신약성경에서 믿지 않는 사람이 어떻게 해서 그리스도인이 되었는지를 쉽게 찾아볼 수 있습니다. 어떤 사람들은 그리스도인이 된 사연이 너무도 구체적이다 보니, 그 때문에 그리스도인이 되는 것이 더러 위험할 때도 있었습니다. 신약성경에는 의심쩍거나 모호한 것이 조금도 없으며, 초기 교회사를 보더라도 기독교 교리는 더할 나위 없이 분명하고 더할 나위 없이 명확했습니다. 20세기의 커다란 비극 중 하나는, 기독교를 구성하는 체계와 그리스도인으로 거듭나는 과정에 대해 사람들이 분명하게 인식하지 못하고 있는 점이라고 저는 말씀드립니다. 여기서 우리는 그 이유에 대해 신경 쓸 필요는 없습니다. 그러나 군이 그 이유를 들춰 보면, 궁극적으로 인간이 성경의 독특한 권위를 부정하고 하나님의 계시를 인간의 사상으로 바꾸어 놓았기 때문임을 알게 됩니다.

　여기 시편 51편에는 시대를 초월해 참된 기독교적 체험의 진수라 할 수 있는 몇 가지 본질적 내용들이 매우 명확하게 기술되어 있습니다. 거듭 말씀드리지만, 우리가 이러한 본질적 내용들에 대해 아는 바가 별로 없다면 우리는 그리스도인이라 불릴 자격이 전혀 없습니다. 시편 51편은 죄에 빠진 인간에게 필요한 것이 무엇인지, 우리 주님이시요 구주이신 예수 그리스도께서 복음을 통해 죄인들을 위해 어떤 해결책을 준비해 놓으셨는지를 다소 충격적이리만큼 묘사하고 있습니다. 이 시편이 제시하는 해결책은 전체가 아니라 서론 정도에 그치지만 매우 놀라운 방식으로 기술되어 있습니다. 시편 51편에 묘사된 해결책은 움튼 싹이라고 할 수 있는데 신약성경에 와서야 비로소 활짝 꽃을 피웁니다. 우리가 거듭남의 체험을 이런 식으로 설명하는 까닭은 시편 51편이 그리스도를 떠난 인간의 본성을 명확하면서도 인상적으로 묘사하고 있기 때문입니다.

　지난 시간에 했던 두 번째 설교의 핵심을 정리해 보겠습니다. 불신자가 그리스도인이 되기 위해서는 몇 단계를 거쳐야 하는데, 첫 번째 단계는 하던 일을 멈추고 생각하는 것입니다. 생각하지 않으면 그리스도인이 될 수 없다고 저는 말씀드립니다. 자신이 생각하지 않기 때문에 그리스도인이며, 그리스도 밖에 있는 자들이 사고(思考)를 독점하고 있다고 생각하는 사람들이 오늘날 많이 있음을 저는 알고 있습니다. 하지만 성경의 전반적인 입장은 인간이 생각하기 전까지는 그리스도인의 "그" 자도 될 수 없다는 것입니다. 인간은 무엇에 대해 생각합니까? 자기 자신입니다. 다윗은 끔찍한 죄, 끔찍한 범죄를 저질렀습니다. 살인죄와 간음죄를 지었음에도 불구하고 아무 일도 없었던 양 행동했습니다. 선지자 나단은 다윗의 이런 행동에 제동을 걸고, 그가 저지른 범죄를 일깨우면서 자신을 직시하게 했습니다. 다윗이 사건의 진상을 정확히 파악하게 된 것은 그때였습니다. 첫 번째 단계는 언제나 이렇게 시작됩니다. 여러분이 자리에 앉아 자신을 살피지 않는다면, 여러분의 다른 모든 행동이 참되다고 할지라도 여러분은 그리스도인이 아니라고 저는 말씀드릴 수 있습니다. 자신을 직시하지 않고 자신의 삶을 살피지 않는다면 그리스도인이 될 수 없습니다. 세상은 가능한 온갖 수단을 동원해 여러분이 그렇게 하지 못하게 막습니다. 이 세상은 쾌락이나 다른 매력적인 것들을 조직적으로 제공함으로써 여러분이 차분하게 앉아서 생각하며 자기 자신과 자신의 삶을 살피지 못하도록 훼방합니다. 하지만 그리스도인은 그 같은 유혹을 다 이겨 냈습니다. 그리스도인은 하던 일을 중단했고, 자신을 살피고 점검했으며, 자신에게 어떤 문제가 있음을 깨닫고 고백했습니다. 시편 51:1이 이를 입증합니다.

그리스도인이 되는 두 번째 단계는 자기 자신이 전적으로 무력한 존재임을 깨닫는 것입니다. 그리스도인은 자신에게 자비와 용서가 필요함을 깨닫습니다. "하나님이여, 주의 인자를 따라 내게 은혜를 베푸시며 주의 많은 긍휼을 따라 내 죄악을 지워 주소서"라고 탄원합니다. 스스로 죄의식을 떨쳐 버릴 수 없으며, 지은 죄로 말미암아 마음의 평안과 안식을 찾을 수 없음을 깨닫습니다. 그는 자신이 마음 아프게 했던 하나님께 필사적으로 매달리며 이렇게 말합니다. "소망은 오직 하나님께만 있습니다. 제가 그렇게도 마음을 아프게 했던 하나님만이 제게 안식을 주실 수 있습니다." 마침내 하나님의 사랑과 긍휼과 자비에 자신을 맡깁니다.

이제 우리는, 자신이 용서받아야 할 죄인임을 깨닫지 못하는 사람은 그리스도인이 아니라는 사실을 알았습니다. 자신이 죄인임을 깨달은 그 사람을, 여러분이 좋다면 도덕적 인간 또는 윤리적 인간으로, 아니면 여러분 마음대로 부를 수 있습니다. 뭐라 부르든 저는 상관없습니다. 자신이 하나님의 용서와 자비와 긍휼을 받아야 할 죄인임을 깨닫고 그분께 간구하지 않는 사람은 말 그대로 그리스도인이 될 수 없다고 봅니다. 이것이야말로 그리스도인이라는 위대하고 고귀한 이름으로 불리기에 걸맞은 필수요소 중 하나입니다.

그러나 다윗은 거기서 멈추지 않고 한 걸음 더 나아갔음을 여러분은 알아챘을 것입니다. 제가 강조하고 싶은 바는, 참된 그리스도인이라면 누구든 마땅히 다윗처럼 해야 한다는 사실입니다. 무엇보다도 자신에게 용서가 필요함을 깨달아야 합니다. 우리 모두는 양심의 고발과 가책에 대해 알고 있습니다. 그것은 제가 확신하건대, 우리가 죄를 지었다는 것이며 따라서 죄의식과 비참한 상태에서 벗어나고 싶은 마음을 말합니다. 우리 자신이 죄인임을 깨닫는 순간 우리는 언제나 다른 그 무엇보다 안식과 평안을 누리고 싶어 합니다. 자신의 일을 멈추고 자신을 점검하며 자신의 행위를 살핀 사람은 자신이 비참하다고 느껴 그러한 상태에서 벗어나고 싶어 합니다. 그러나 참된 그리스도인은 거기서 멈추지 않고 한 걸음 더 나아갑니다. 그다음 단계는 자신으로 하여금 끊임없이 죄를 짓게 만드는 내면의 끔찍한 세력을 확인하고 그것을 미워하는 것입니다.

여러분은 다윗의 경우에서 이러한 단계들을 보게 됩니다. 우선 첫째로 그는 생각이 없습니다. 그런 다윗에게 제동이 걸립니다. 그는 자신의 죄과와 죄악과 죄를 살핍니다. 죄책감이 들면서 그 죄책감에서 벗어나고 싶은 열망에 "하나님이여, 내게 은혜를 베푸소서"라고 울부짖습니다. 여기서 끝나는 것이 아닙니다. 그는 한 걸음 더 나아가, "내가 이런 간음죄와 살인죄를 짓다니 나 자신이 끔찍하구나!" 하고 탄식합니다. 이것이야말로 기독교 교리의 핵심 그 자체입니다. 그리스도인은 '용서만 받으면 되지 뭐'라고 생각하는 법이 결코 없습니다. 그리스도인은 죄악된 행동 그 자체보다는 그런 행동을 유발하는 내면의 그 무언가에 대해 더 많이 고민하고 걱정하며 언제나 자신을 고발하고 점검합니다. 용서받고 못 받고는 더 이상 중요한 문제가 아닙니다. 정말 중요한 문제는 끊임없이 용서를 구하게 만드는 상황을 초래하는, 내면의 그 무엇입니다. 여러분은 이 문제에 대해 아주 명확하게 이해했으리라 믿습니다. 저는 용서가 문제의 전부인 양 거기서 더 진전하지 않는, 수박 겉핥기 식의 복음주의를 경계합니다. 아닙니다, 그렇지 않습니다. 용서를 구해야 하는 행위보다 더 끔찍한 것이 있습니다. 그것은 나로 하여금 용서받지 않으면 안 되는 상황으로 몰아가는, 내 안의 그 무엇입니다. 그것을 포착한 다윗은 10절에서 이처럼 통렬하게 묘사합니다. "하나님이여, 내 속에 정한 마음을 창조하[소서]." 다윗은 "그것이 진짜 제 문제입니다. 잘못된 것은 제 마음입니다"라고 말하는 듯합니다. 이제 다윗은 "하나님이여, 내 속에 정한 마음을 창조하소서"라고 울부짖습니다. 참된 그리스도인이라면 누구나 항상 이렇게 합니다. 그는 자신에게 새로운 성품, 곧 거듭남—중생—이 필요하다는 사실을 깨닫습니다. 참된 그리스도인은 용서받고 보다 선한 삶을 살기로 작정하는 것만으로는 부족하다고 생각합니다. 그는 자신이 새로 태어나야 하며 하나님께서 자신의 영혼 깊은 곳을 만져 주시지 않으면 영영 버림받는 존재가 된다고 생각합니다. 자신이 다시 태어나야 하며 새롭게 창조되어야 함을 깨닫습니다.

　방금 제가 말씀드린 것이 오늘 이 세 번째 설교에서 여러분의 주의를 환기하고자 하는 주제입니다. 이 주제는 그동안 꽤 많은 책들이 쓰였을 만큼 대단히 중요합니다. 분명히 말씀드리지만, 제가 오늘 설교에서 이 주제를 완벽하게 다룰 자신은 없습니다. 그러나 이 거듭남의 교리를 시편 51편에서 가르치는 그대로 여러분에게 소개할 작정입니다. 이 시편이 거듭남의 교리에 대한 완결판은 아니기 때문에 저는 다윗이 고뇌하고 기도하는 가운데 이 교리를 어떻게 설명하고 있는지만 말씀드릴 것입니다.

이왕 말이 난 김에 하는 말인데, 인간이 날 때부터 거듭남의 교리에 반감을 가지는 이유가 뭔지 제게는 커다란 수수께끼입니다. 또한 중생의 교리, 즉 거듭남의 교리에 반대하는 것만큼 인간의 마음이 썩을 대로 썩었다는 것을 보여주는 사례는 없다는 생각도 간혹 들곤 합니다. 신약성경을 펼치면 그 당시에도 이러한 일이 예외가 아니었음을 알게 됩니다. 우리 주님이시요 구주이신 예수 그리스도께서는 이 교리를 말씀하실 때마다 박해를 받으셨습니다. 사람들은 예수께서 그런 말씀을 하시는 것이 싫었던 것입니다. 인간의 마음이 철저히 부패했기에 거듭나지 않으면 안 된다고 주님께서 말씀하실 때마다 사람들은 그분의 말뜻을 번번이 오해했습니다. 인간이 거듭남의 교리를 마땅찮게 여기기는 예나 지금이나 매일반입니다. 존 웨슬리가 회심하고 나서 옥스퍼드 대학교로 돌아가 이 교리에 대해 설교했는데, 그는 그것 때문에 사람들의 미움을 샀습니다. 옥스퍼드의 신실하며 존경받는 사람들도 이 교리를 못마땅하게 여겨 웨슬리의 설교를 완전히 금지했습니다. 육에 속한 사람, 육신적이고 거듭나지 못한 인간의 마음은 거듭남과 중생이라는 이 위대하고 탁월한 성경적 교리에 반대했습니다. 오늘날도 마찬가지입니다. 하나님의 아버지 되심과 인류의 형제자매 됨에 관한 강연이나 설교는 사람들의 거부감을 불러일으키지 않습니다. 보다 선한 삶을 살라는 권면을 받을 때에도 별 문제 없습니다. 백번 옳은 말씀이라고 생각하는 것입니다. 그리고 자신이 대충대충 사는 것을 따끔하게 꼬집는 설교나 훈계를 들으면 전적으로 공감하면서 앞으로는 제대로 살아야겠다는 다짐을 하기도 합니다. 하지만 어떤 전도자가 육에 속한 사람에게 "당신은 반드시 거듭나야 합니다. 하나님께서 주시는 새 생명을 받아야 합니다"라고 권면하면 "무슨 이런 희한한 교리가 다 있지요?" 하고 반응합니다. 제가 예전에 잉글랜드 심장부에 있는 어느 시골 마을에서 복음을 전할 때의 일이 또렷이 기억납니다. 저는 어느 농사꾼 부부에게서 극진한 대접을 받았습니다. 저녁식사를 즐기고 있는데 농부의 아내가 이웃집 농부의 아내 이야기를 꺼내면서 이런 말을 하더군요. "그런데 말이죠, 그 여자만큼 괜찮은 여자도 없을 거예요. 누가 보더라도 훌륭한 부인이거든요. 신앙심도 그렇게 깊을 수가 없답니다. 그런데, 입만 열면 거듭나라는 이야기를 귀가 따갑도록 하지 뭡니까." 저를 대접했던 농부의 그 착한 아내는 이웃집 농부의 아내가 성격상 무슨 결함이 있는 게 아닐까 의심하는 듯했습니다. 신앙심이 깊은 것은 환영할 만한 일이지만 입버릇처럼 새 생명이니 거듭남이니 하는 이야기는 농부의 아내로서는 도저히 납득할 수 없는 것이기에 그녀가 정신 이상자쯤으로 보였을 것입니다.

이것은 오늘날 어디서나 볼 수 있는 현상입니다. 인간은 태어날 때부터 거듭남의 교리에 대해 뿌리 깊은 반감을 갖고 있습니다. 왜 그럴까요? 답은 쉽게 찾을 수 있습니다. 제가 이 교리를 접했을 때, 저 자신이 부패할 대로 부패했기 때문에 거듭나지 않고는 절대로 제 삶을 바로잡을 수 없다는 사실을 추론하게 되었습니다. 그러나 본시 저는 거듭나라는 권고가 마음에 들지 않습니다. 육에 속한 사람은 자신이 100퍼센트 성인(聖人)이 아님을 기꺼이 인정합니다. 하지만 그 사람에게 "당신이 썩을 대로 썩었으며 성인 근처에도 못 갈 뿐 아니라 거듭나지 않으면 소망이 없다"고 말한다면 그는 인상을 쓰며 "대체 나를 어떻게 보고 하는 소리요?"라고 되물을 것입니다. 자신이 모욕당하고 있다는 느낌을 받으면서 말입니다. 인간은 원죄와 타락으로 말미암아 진술된 사실로부터 올바로 추론하는 능력을 상실한 것이 분명합니다. 이것이 바로 거듭남의 교리에 함축된 의미입니다. 여러분은 밤중에 예수님을 찾아온 니고데모 이야기를 기억할 것입니다. 니고데모가 우리 주님께 이렇게 말했습니다. "랍비여, 저는 그동안 선생님을 죽 지켜보았고 선생님이 베푸신 기적도 직접 목격했으며, 선생님의 설교도 귀담아 들었습니다. 제가 보기에 선생님은 분명 하나님이 보내신 분입니다. 하나님이 함께하시지 않으면 누구도 이런 기적들을 행할 수 없으니까요." 그러자 예수께서 니고데모에게 하신 말씀은 이것입니다. "사람이 거듭나지 아니하면 하나님의 나라를 볼 수 없느니라"^{요 3:3}. 이후의 대화가 어떻게 진행되었는지는 설명이 필요 없을 것입니다. 니고데모는 이렇게 말하고 싶어 하지 않았을까요? "랍비여, 저는 선생님을 눈여겨보았고 말씀도 경청했습니다. 제가 내린 결론은 이렇습니다. 선생님께서는 제게 없는 특별한 그 무언가가 있는 것 같습니다. 저는 명색이 이스라엘의 선생이고 재산도 꽤 많지만, 선생님은 저보다 가지신 게 더 많은 것 같습니다. 어떻게 하면 선생님처럼 될 수 있겠습니까?" 그러자 예수님은 이렇게 대답하셨습니다. "중요한 것은 재산을 불리는 것이 아니라 거듭나는 것이다. 재산을 더 모을 생각은 그만두고 거듭나는 삶의 토대를 세워라." 하지만 예수님의 말씀은 그의 마음에 들지 않습니다. 우리는 무력하며 부패할 대로 부패하고 죄가 많아 개선 정도가 아니라 말 그대로 다시 태어나야 한다고 고발하는 교리를 생리적으로 싫어합니다.

이 문제를 달리 설명해 보겠습니다. 중생의 교리는 우리 스스로 온전케 될 가능성이 전혀 없다는 선언을 함축적이지만 매우 분명하게 전달하기 때문에 우리는 이 교리에 반감을 갖습니다. 하여 육에 속한 사람은 늘 이 교리를 마땅찮게 여기는 것입니다. 이런 이유로 지금보다 더 나은 삶을 살 수 있다는 달콤한 속삭임에 그는 마음이 혹합니다. 육에 속한 사람이 그러한 속삭임에 마음이 끌리는 까닭은 어떤 의미에서 그것이 그를 치켜세우기 때문입니다. 가령, 제가 "이제부터 여러분은 이런 식으로 사는 게 좋을 것입니다. 자, 힘을 냅시다"라고 권면한다면 천성적으로 그것을 거부할 사람은 없을 것입니다. 왜냐하면 제 말에 여러분에게 그렇게 할 수 있는 능력이 있다는 의미가 넌지시 비치기 때문입니다. 사람들은 자신에게 능력이 있음을 암시하는 교리라면 언제든 환영합니다. 자신의 힘으로는 어찌할 수 없고, 아무리 노력하고 수고해도 소득이 없으며, 마르틴 루터^{Martin} ^{Luther}처럼 금식하고 땀 흘려 기도해도 헛될 뿐이라고 지적하는 교리를 육에 속한 사람은 탐탁지 않게 여깁니다. 수도사 마르틴 루터는 수도원의 독방에서 금식했고 기도했고 로마 순례여행을 다녀왔으며, 자신의 힘으로 구원을 얻기 위해 인간이 할 수 있는 일은 뭐든 시도했지만 결국에는 원점으로 되돌아왔습니다. 인간의 힘으로는 어쩔 수 없습니다! 그러나 인간은 천성적으로 거듭남의 교리를 싫어합니다. 그렇기 때문에 우리는 아무것도 할 수 없으며 잠잠히 하나님을 섬기고 그분께 도움을 청해야 한다고 충고하는 거듭남의 교리에 맞서 투쟁하는 것입니다.

이 문제를 또 다른 방식으로 설명해 봅시다. 중생의 교리에 반대하는 이유를 명확히 설명하되 문제의 진짜 원인을 보다 심오한 차원에서 찾아보자는 것입니다. 인간은 너무도 부패해서 거듭나지 않으면 안 된다고 말하는 복음서를 나는 왜 싫어하는가? 내가 온갖 수고와 노력을 다했음에도 아직 멀었다는 말을 들으면 나는 왜 기분이 언짢아지는가? 이에 대한 분명한 답은, 내가 하나님을 마주 대하고 있음을 깨닫지 못하고 있기 때문이라는 것입니다. 우리는 습관적으로 우리 자신을 다른 사람들과 비교하며 그들과 치열한 경쟁을 벌입니다. 직장인들도 그렇고, 사업가들도 그렇고, 모두들 경쟁하기에 바쁩니다. 출세하려면 자신이 하는 일에 푹 빠져야 한다고 세상은 가르칩니다. 우리는 서로를 만족시킬 수 있으며, 인간의 수준을 어느 위치에까지 높일 수 있다고 가르칩니다. 우리는 날 때부터 이런 인생관을 지닙니다. 하지만 이 문제를 생각할 때 우리가 관심을 가져야 할 대상은 인간이 아니라 우리가 대면하는 하나님입니다. 다윗은 6절에서 "보소서, 주께서는 중심이 진실함을 원하시오니"라고 고백한 바 있습니다. 우리의 관심 대상이 인간이 아니라 하나님이라는 사실을 일순간이라도 깨닫는다면, 우리는 우리 자신이 얼마나 타락했으며 얼마나 무력한지를 즉시 깨닫게 될 것입니다.

또 다른 설명은, 당연히 우리가 우리 자신의 실상을 깨닫지 못한다는 것입니다. 다윗은 5절에서 자신의 실상을 "내가 죄악 중에서 출생하였음이여. 어머니가 죄 중에서 나를 잉태하였나이다"라고 표현했습니다. 자신의 실상을 깨달은 사람은 거듭나지 않으면 안 된다고 말하는 복음을 뿌리치지 않습니다. 이와는 달리, 자신은 선하기 이를 데 없으며 어쩌다 보이는 성격상의 결함은 매우 손쉽게 고칠 수 있다고 믿는 사람은 이 복음을 거부합니다. 자신이 죄악 중에 출생했고 어머니가 죄 중에서 자신을 잉태했다고 믿는 사람은, 자신이 부패했기 때문에 거듭나야 한다는 말을 들으면 "지당하신 말씀입니다. 제 마음이 부패했다는 것을 저는 알고 있습니다"라고 말합니다.

지금까지 저는 거듭남의 교리가 반감을 사는 이유 몇 가지를 설명했습니다. 여기서 이 교리가 인간의 자존심을 상하게 한다고 말해도 무방할 것 같습니다. 솔직히 말해, 다시 나야 한다는 말을 애초부터 달가워할 사람이 어디 있겠습니까? 우리라고 예외는 아닙니다. 우리의 궁극적인 문제는 교만, 자기만족, 자긍심, 그리고 자기 과신입니다. 복음이 들어오면 우리의 자아는 치명타를 입습니다. 썩 내키는 일이 아니지요. 그것은 예나 지금이나 마찬가지입니다. 중생의 교리는 거북한 교리이며 자존심 상하게 하는 교리이지만 기독교 교리의 핵심입니다. 그 핵심은 다음의 두 구절에 완벽하게 묘사되어 있습니다. "보소서, 주께서는 중심이 진실함을 원하시오니……하나님이여, 내 속에 정한 마음을 창조하시고"[6, 10절].

우리가 거듭나야 하는 이유는 무엇입니까? 그것이 문제입니다. 우리가 참된 그리스도인이 되고자 할 때 거듭남을 절대 필수로 삼아야 하는 요인은 무엇입니까? 첫 번째 질문에 대한 답은 **반역과 위선을 일삼는 우리의 본성** 때문이라는 것입니다. 다윗은 "보소서, 주께서는 중심이 진실함[신실함]을 원하시오니"라고 시인합니다. 그것이 골칫거리입니다. 여러분은 다윗이 밟았던 여러 단계들을 알고 있습니다. 그는 자신을 살폈으며, 자신의 죄가 무엇인지 깨달았습니다. 한 걸음 더 나아가 "내 안에, 내 마음속에 부패한 그 무엇이 있구나. 그런데도 나는 손을 쓸 수 없다니! 내가 나 자신을 믿을 수 없기 때문이구나. 내 본성, 내 존재 깊은 곳에 진실함이 없구나"라고 탄식합니다. 자신에 대한 고백치고는 너무도 끔찍하지 않습니까? 하지만 그리스도인이라면 누구나 틀림없이 이러한 현실을 직시했을 것입니다. 예레미야 선지자는 인간의 죄악된 본성을 "만물보다 거짓되고

심히 부패한 것은 마음이라"고 기록했습니다[렘 17:9]. 어느 위대한 성인은 인간의 죄성을 찬송가에서 이렇게 표현했습니다.

우리 주 예수밖에는 믿을 이 아주 없도다.

여러분은 자신을 신뢰합니까? 그렇다면 여러분은 아직도 주제 파악을 못하고 있는 것입니다. 자신의 마음이 일그러지고 빗나갔으며 뒤틀려 있다는 사실을 아직도 깨닫지 못했습니까? 영혼 저 깊은 곳에 있는 위선이 보이지 않는다는 말입니까? 우리는 모두 위선자들이며, 우리는 모두 가면놀이를 하고 있으며, 우리는 모두 가장하고 있습니다. 제가 지금 꾸며 낸 이야기를 하고 있습니까, 아니면 있는 그대로 사실을 말하고 있습니까? 우리의 상상이나 은밀한 생각을 스크린에 살짝 띄워 모든 사람이 볼 수 있게 한다면 우리의 마음이 과연 편할까요? 그렇지 않을 것입니다. 제가 앞서 인용한 말씀들은 구구절절 사실이며, 우리는 하나님과 대면하고 있기 때문에 그런 상태 가운데서 손을 쓸 수 없는, 전적으로 무력한 존재들입니다. 우리는 짐짓 다른 사람인 양 행동할 수 있으며 용서를 구하기 위해 스스로 뉘우치고 있다고 말할 수 있지만, 본심은 그와 다를 수도 있습니다. 그러나 상대방은 그것을 눈치채지 못합니다. 곤경에서 벗어나며 고통을 피하고 싶은 마음에 우리는 뉘우친다는 말을 합니다. 하지만 하나님께서 개입하시면 그 모든 것은 물거품이 되고 맙니다. 다윗은 이렇게 고백합니다. "하나님, 제가 주님과 얼굴을 마주하고 있습니다. 주께서는 중심이 진실함을 원하십니다. 저는 주님의 낯을 피할 수 없습니다." 히브리서 저자는 이렇게 기록하고 있습니다. "하나님의 말씀은 살아 있고 활력이 있어 좌우에 날선 어떤 검보다도 예리하여 혼과 영과 및 관절과 골수를 찔러 쪼개기까지 하며 또 마음의 생각과 뜻을 판단하나니, 지으신 것이 하나도 그 앞에 나타나지 않음이 없고 우리의 결산을 받으실 이의 눈앞에 만물이 벌거벗은 것같이 드러나느니라"히 4:12-13. 오, 여러분이 그저 죄책감과 비참함에서 벗어나는 일에만 골몰한다면, 참된 그리스도인이 되기는 아직도 멀었다는 생각이 듭니다. 그리스도인이라면 여기서 한 걸음 더 나아가 우선적으로 자신의 중심이 신실해야 함을 절감합니다. 그리스도인은 하나님의 시각에서 자신을 살핍니다. 그리스도인은 펼쳐진 책처럼 자신의 모든 것이 속속들이 드러나고 있음을 압니다. 다른 사람들이 자신에게서 무엇을 보든 자신을 어찌 생각하든, 그리스도인은 하나님께서 자신의 속내와 삶의 은밀한 부분까지도 살펴보고 계심을 압니다. 그는 자신의 모든 것이 전능하신 하나님 앞에 적나라하게 드러나 있음을 압니다.

그러나 더 나아가, 저는 스스로 신실해질 수 없다는 것도 압니다. 신실해지겠다고 굳게 다짐하지만 저 자신을 가지고 놀거나 바보짓하기 일쑤입니다. 대차대조표를 작성하는 일이라면 수입과 지출의 균형을 기막히게 맞춥니다. 저는 이제껏 저 자신과 사이가 벌어진

적이 단 한 번도 없으며, 요즘 말로 저 자신을 합리화하고 제 행동을 정당화하는 일이라면 전문가 못지않습니다. 저는 제 행동을 그럴싸하게 변명하는 것이 아무렇지도 않지만 남이 그렇게 하면 두 눈 뜨고 못 봅니다. 저는 바로 그런 인간입니다. 제 마음속을 깊이 들여다보면 위선과 거짓이 가득한데 "주께서는 중심이 진실함을 원하"십니다. 아무리 발버둥을 쳐도 제 마음속 깊은 곳에 도사리고 있는 위선과 거짓은 어쩔 수 없기에 저는 하나님께 도와달라고 울부짖습니다. 저는 필히 거듭나야 할 존재입니다. 제 마음속의 생각과 의도는 더할 나위 없이 중요합니다. 저로서는 그것들을 다스릴 수 없기에 전능하신 하나님께 도움을 요청합니다.

거듭나야 하는 두 번째 이유를 저는 이렇게 설명할 수 있습니다. 그것은 제게 **지식과 지혜가 부족하기** 때문입니다. 6절의 말씀을 다시 보겠습니다. "보소서, 주께서는 중심이 진실함을 원하시오니, 내게 지혜를 은밀히 가르치시리이다." 오! 다윗은 자신의 마음을 환히 꿰뚫고 있었습니다. 여러분은 인간이 거치는 여러 단계에 대해 알고 있습니다. 우선 저는 부주의하게 달려 나갔습니다. 그러다가 제지를 당해 더 이상 뜻을 펼칠 수 없었습니다. 오, 그렇습니다. 제 말은, 제가 그렇게 하지 말았어야 했다는 것입니다. 어쩌다 일이 이 지경이 되었을까? 사태를 바로잡을 수는 있을까? 저는 묻고 또 묻습니다. 신실하지 못한 내가 과연 무엇을 할 수 있을까? 이젠 어쩌면 좋지? 어떻게 해야 할지 앞이 캄캄하구나. 저로서는 어찌할 수 없음을 시인합니다. 제게 필요한 것은 무엇일까요? 다윗은 이렇게 말하며 무릎을 칩니다. "이제 알겠다. 내게 절실히 필요한 것이 지혜라는 사실을. 나 자신을 조명할 빛이 필요하다는 사실을. 내 힘으로 문제를 해결하려 애를 써도 결국 막다른 벽에 부딪치고 마는 것을 솔직히 시인해야겠다. 나로서는 바로잡을 수가 없어. 나에게는 외부의 빛이 필요해." 그리스도인이라면 누구나 제 말뜻을 이해할 것입니다. 다윗처럼 벼랑 끝으로 몰리는 순간이 찾아올 때 여러분은 이렇게 탄식합니다. "아, 이젠 어쩐다지? 내가 내 생각이나 의도를 신뢰할 수 없다니! 내게는 외부의 도움이 필요해. 내 문제를 조명해 줄 빛이 필요해." 제가 앞서 인용한 구절의 뜻이 바로 이것입니다. 다윗은 영혼 깊은 곳에서 지혜를 달라고 탄식하고 있는 것입니다. 바꾸어 말해, 인간의 지식·지혜·명철이 문제 해결에 별로 도움이 되지 않는다는 사실을 깨닫지 못하는 사람은 진정한 그리스도인이라고 할 수 없습니다. 또한 역사상 가장 위대한 철학자 중 하나인 블레즈 파스칼Blaise Pascal이 그랬듯이, 이성의 최고 업적이 인간으로 하여금 이성의 한계에 눈을 뜨게 해 계시를 달라고 탄원하게 만드는 것임을 깨닫지 못하는 사람은 진정한 그리스도인이라 할 수 없습니다. 제게는 지혜가 필요합니다. 제 마음을 비추는 빛이 필요합니다. 제 속내를 정확하게 진단하지 못하는 저는 순전히 엉터리 의사입니다. 문제에 정면으로 맞설 용기가 없고, 자신을 변명하기에 급급하니 어찌 해결책이 나오겠습니까? 저 자신을 조명할 외부의 빛이 필요합니다. 제 상태를 정확히 진단해 줄

보다 큰 지혜가 필요합니다. 성결을 이루며 거룩한 삶을 살아 내는 법을 알려 주는 빛이 필요합니다. 하나님을 알 수 있는 빛과 제 힘으로는 얻을 수 없는 지혜가 필요합니다. 그것을 찾아 나서지만 보이지가 않습니다. 그리스도를 믿지 않은 세계 위인들의 전기를 탐독한 적이 있는데 그들은 인생의 실패자였더군요. 행복을 발견하지 못했으니까 말입니다. 저도 마찬가지입니다. 저는 어떻게 하는 것이 좋을까요? 하나님의 도움을 구해야겠습니다. 여러분은 하나님께 지혜를 달라고, 지식을 달라고 간청하신 적이 있습니까? 만일 그렇다면 여러분은 구원에 이르는 순탄한 길에 들어선 셈입니다. 여러분은 이렇게 간청하신 적이 있습니까? "이젠 더 이상 생각할 수 없습니다. 지겨울 정도로 생각하고 또 생각했습니다. 이제 어떻게 하면 좋겠습니까? 오 하나님, 제 상태가 어떤지 빛을 비춰 주십시오." 이런 기도를 드린다면 여러분에게 빛이 비칠 것입니다. 계시를 달라고, 하나님의 빛을 비춰 달라고 간청하는 사람의 수고가 헛되이 돌아가는 법은 결코 없습니다. 저는 영혼 깊은 곳에서 지혜를 갈망하고 있습니다. 하나님께서 공급해 주실 것으로 믿습니다.

이렇게 해서 다윗은 다음 단계로 진입합니다. 하나님께서 이러한 지혜를 주셨기에 다윗은 이제 자신에게 정결한 마음이 필요하고 새로운 성품이 필요함을 깨닫습니다. 저는 이 문제로 시간을 끌 생각이 없습니다. 마가복음 7:14-23이 이 문제를 포괄적이면서도 탁월하게 설명하고 있기 때문입니다. 이 구절에서 우리 주님이시요 구주이신 예수 그리스도께서 무리들에게 하신 말씀은 이런 것입니다. "너희는 내 말을 새겨들어라. 사람을 더럽히는 것은 밖에서 몸 안으로 들어가는 것이 아니다. 도리어 몸 안에서 나오는 것이다. 너희는 손이나 그릇 씻는 일에는 신경을 쓰면서도 지금의 처지가 어렵다고 신세타령이나 하고 있구나. 너희는 '이 더러운 세상에 사느라 저 자신을 정결케 하기가 무척 힘듭니다'라고 핑계를 대는구나. 그렇지 않다. 문제는 세상이 아니라 너희 마음이다. 사람을 더럽히는 것은 밖에서 안으로 들어가는 것이 아니라, 마음속에서 나오는 악의·살인·간음·탐욕과 같은 여러 가지 악한 생각들이다." 예수님의 따끔한 지적은 이런저런 형태로 우리 모두에게 해당된다고 생각합니다. 문제는 우리 안에 있습니다. 여러분은 다윗이 어떻게 해서 그러한 최종 결론에 다다르게 되었는지 압니다. 자신을 직시한 다윗은 이렇게 참회합니다. "저는 살인자요, 간음자요, 부패한 자요, 무고한 사람의 피를 흘린 장본인입니다. 제가 어쩌다 그런 끔찍한 일을 저질렀는지…… 밧세바 때문이었을까요? 아니면, 다른 사람 때문이었을까요? 아닙니다. 제가 욕망의 포로가 된 것은 바로 제 마음이 더럽고 추했기 때문입니다. 문제는 눈에 보이는 것이 아니라, 그것을 해석하는 마음속의 그 무엇입니다. 그것은 바로 나 자신입니다. '하나님이여, 내 속에 정한 마음을 창조하소서.'" 여러분도 여기에 동의하십니까? 여러분은 온갖 문제와 갈등의 주된 원인이 무엇인지 이제 아셨습니까? 그 원인은 참된 그리스도인이라면 누구나 겪는 그 무엇, 곧 "내가 죄악 중에서 출생하였음이여. 어머니가 죄 중에서 나를 잉태하였나이다"라는 다윗의 탄식입니다. 인간의 문제는 금기사항을 깨는 것이 아니라 그렇게 하려는 의지가 있다는 것입니다. 인간을 욕망의 노예로 전락시키는 것은 바로 이것입니다. 양심은 경고하지만 우리는 아랑곳하지 않습니다. 저주받을 대상은 우리 마음속에 있는 죄입니다. 우리에게는 정한 마음이 필요합니다.

하지만 다윗은 한 걸음 더 나아가 자신의 힘으로는 **그런 마음을 창조할 수 없다**고 고백합니다. 제아무리 굳은 결심을 하더라도 마음은 결코 변화될 수 없음을 다윗은 누구보다도 잘 알고 있습니다. 우리는 기껏해야 어느 정도까지만 행동을 통제할 수 있을 뿐입니다. 물론 새해 결심은 가치 있는 일이며, 실천하는 만큼 여러분은 보다 나은 사람이 될 수 있습니다. 여러분은 자신의 행동을 어느 정도까지는 통제할 수 있지만, 마음을 깨끗하게 하려고 애를 쓰면 쓸수록, 장담컨대, 점점 더 오염된다는 사실을 발견하게 될 것입니다. 성인들의 전기가 이를 여실히 보여주고 있습니다. 그들은 부정한 마음을 깨끗하게 하려고 온갖 노력을 기울였지만 마음은 점점 더 부정하게 되었고 마침내는 자신에게 털끝만치의 소망도 없다는 사실을 절감했습니다. 그런 까닭에 다윗은 "내 속에 정한 마음을 창조하소서"라는 위대한 고백을 하는 것입니다. 하나님만이 정한 마음을 창조하실 수 있습니다. 하나님만이 새로운 성품을 주실 수 있습니다. 다윗의 고백을 들어 봅시다. "내게 소망이 하나 있다면 그것은, 무에서 천지를 창조하시고 흙으로 사람을 빚으시고 생기를 불어넣으신 하나님께서 내 안에 정한 마음을 창조하시고 새로운 성품을 입혀 주시는 것입니다." 이것이 구약성경의 외침입니다. 다윗은 이것이야말로 자신에게 절실히 필요한 것임을 간파했습니다. 그리고 모든 사람의 절실한 필요는 하나님께서 우리 삶의 한가운데 찾아오셔서 일하시는 것입니다. 성도 여러분, 이것이 신약성경의 복음서와 거기에 들어 있는 놀라운 메시지의 핵심 그 자체라는 사실을 알고 있습니까? 우리 주님은 왜 이 땅에 오셔서 복음을 전하시고 십자가에서 죽으시고 부활하셨을까요? 주님은 왜 그렇게 하셨을까요? 여러분과 제가 용서받고 또 죄를 짓고 돌아와 회개하고, 죄짓는 삶과 회개하는 삶을 되풀이하다가 지옥의 구렁텅이로 떨어져 형벌받는 것이 안쓰러운 나머지 천국으로 슬그머니 들어가도록 하기 위해서입니까? 그런 생각은 하나님을 모독하는 것입니다! 하나님께서 그렇게 하신 것은, 바울이 디도에게 보낸 편지에서 밝혔듯이 "우리를 깨끗하게 하사 선한 일을 열심히 하는 자기 백성이 되게 하려 하심"입니다^{딛 2:14}. 복음의 영광스런 메시지는 내가 용서받았다는 사실에 머무르지 않습니다. 물론, 내가 용서받았다는 것은 하나님께 감사할 일입니다. 저의 죄가 먹구름 걷히듯 깨끗해졌다는 말을 먼저 하고 싶습니다. 하나님께서 저를 용서해 주셨습니다. 하지만 저는 그것으로는 성에 차지가 않습니다. 저는 더 이상 죄를 짓지 않았으면 좋겠고, 이같이 중요한 문제와 씨름하고 싶고, 죄짓게 만들고 유혹에 빠뜨리는 내 안의 세력을 없애 버렸으면 좋겠습니다. 이것이 바로 복음이 제시하는 해결책인데, 곧 거듭남과 새로운 창조, 다시 태어나며 하나님의 성품에 참예하게 된다는 놀라운 교리입니다. 하나님의 아들이 세상에 오셔서 몸을 입으신 것은, 새로운 인간과 새로운 백성을 창조하셔서 새로운 왕국을 세우시고자 함이었습니다. 예수께서는 자신에게 나아오며 깨끗한 성품을 입어야겠다고 생각하는 사람들에게 자신의 성품을 덧입히십니다. "그런즉 누구든지 그리스도 안에 있으면 새로운 피조물이라. 이전 것은 지나갔으니 보라, 새것이 되었도다"고후 5:17. 복음에 대해 이렇게 생각하는 사람을 보면 저는 너무 화가 납니다. "하나님은 사랑이셔. 그래서 그분은 예수 그리스도 안에서 너를 용서하신 거야. 그러니까 이제부터는 마음 고쳐먹고 새 출발하라고." 이 말이 제게는 복음을 부인하는 것으로 들립니다. 오해 마시기를 바랍니다. 복음은 여러분의 죄를 용서하며 돌이켜 새로운 삶을 살라고 촉구하는 것으로 그치지 않습니다. 새로 태어나게 하며, 하나님의 자녀가 되게 하며, 또한 하나님의 성품에 참예하도록 합니다. 복음은 하나님께서 우리 가운데 찾아와 거하신다고 말합니다. 바울의 말처럼 "이제는 내가 사는 것이 아니요 오직 내 안에 그리스도께서 사시는 것"입니다갈 2:20. 하나님은 여러분을 홀로 내버려두지 않으셨으며, 스스로 삶을 개선하라는 가망 없는 과제를 부여하지도 않으셨습니다. 하나님은 여러분에게 새 생명, 새 출발, 새 시작을 주셨습니다. 여러분은 새로 태어나 새 세상에서 새 힘과 새 소망으로 살아가게 될 것입니다.

"하나님이여, 내 속에 정한 마음을 창조하[소서]." 진심으로 이렇게 기도하면 누구나 틀림없이 응답받을 것입니다. 예수님은 "너는 거듭나야 한다"고 말씀하셨습니다. 이 말씀을 깨닫고 그리스도께 순복하는 사람은 다시 태어납니다. 그는 그리스도 안에서 새로운 삶, 곧 하나님이 주시는 삶을 살아 냅니다. 하나님께서 문제의 핵심을 해결해 주시기에 그는 자신 안에서 새로운 시각, 새로운 힘, 새로운 소망, 새사람을 발견하게 됩니다.

죄인의
간절한 욕구

4.

구원과
새 생명

시 51:10-15

하나님이여,

내 속에 정한 마음을 창조하시고 내 안에 정직한 영을 새롭게 하소서.

나를 주 앞에서 쫓아내지 마시며 주의 성령을 내게서 거두지 마소서.

주의 구원의 즐거움을 내게 회복시켜 주시고 자원하는 심령을 주사 나를 붙드소서.

그리하면 내가 범죄자에게 주의 도를 가르치리니 죄인들이 주께 돌아오리이다.

하나님이여, 나의 구원의 하나님이여, 피 흘린 죄에서 나를 건지소서.

내 혀가 주의 의를 높이 노래하리이다. 주여, 내 입술을 열어 주소서.

내 입이 주를 찬송하여 전파하리이다.

지금까지 세 차례의 설교를 통해 우리는, 시편 51편이 성경적이고 기독교적인 회개의 교리에 대한 고전적 진술이며, 회개에 따른 여러 단계와 과정들을 아주 명료하면서도 생생하게 보여주고 있음을 살펴보았습니다. 그와 동시에 이 시편이 참되고 순수한 기독교적 체험에 따른 몇 가지 중요한 특징들을 현저하게 드러내고 있음도 살펴보았습니다. 구약성경의 이 시편에서 우리는 하나님 앞에서 자신의 본성이 부패했음을 깨달은 자의 탄원을 읽게 되는데, 이 탄원이 신약성경에 오면 우리 주님이시요 구주이신 예수 그리스도 안에서 그분을 통해 나타난 복음이 제공하는 영광스럽고 놀랄 만한 선물에 대한 탄원임을 알게 됩니다.

지금까지 저와 여러분은 회개에 따른 여러 단계와 과정들을 추적해 왔습니다. 그리고 모든 사람이 그러한 단계와 과정들을 정확히 동일한 순서로 밟아야 한다거나 기독교적 체험에 수반되는 그러한 본질적 요소들을 기계적으로 되풀이해야 한다고 우겨서는 안 된다는 점을 조심스럽게 지적한 바 있습니다. 그럼에도 불구하고, 우리는 진정한 기독교적 체험에는 언제나 여러 단계가 수반된다고 지적하면서 그 단계들을 다음과 같이 열거한 바 있습니다. 첫째로, 그리스도인은 삶의 어느 시점에서 자신의 참모습에 눈을 뜹니다. 그는 제정신이 들면서 자신이 얼마나 끔찍한 죄를 저질렀는지 깨닫습니다. 둘째로, 그리스도인은 용서가 절실하다는 것을 알기 때문에, 자신이 죄를 지은 하나님께로 방향을 돌려 그분의 자비에 모든 것을 맡깁니다. 셋째로, 그리스도인은 자신이 거듭나며 새로운 성품을 입는 것이 절대적으로 필요하다는 것을 깨닫습니다. 그렇기에 거듭남의 교리는 참된 그리스도인들에게 성경 전체를 통틀어 가장 영광스러운 교리 중 하나가 됩니다. 그리스도인은 구속의 기적을 행하신 하나님을 찬양합니다.

참된 그리스도인의 또 다른 특징은 제가 방금 언급했던 세 단계에서 비롯되는 특정한 결과들을 드러낸다는 것입니다. 세 단계를 거치고 나면 반드시 몇 가지 특정한 결과들이 나타나는데, 그것들은 깨달음에서 오는 죄의 자각, 용서의 필요성, 그리고 새로운 성품을 달라는 기도입니다. 이러한 결과들을 다루면서 저는 줄곧 강조해 왔던 원리를 여러분께 또다시 상기시키고자 하는데, 이 원리는 성경 어느 곳에서든 찾을 수 있습니다. 여러분은 신약성경에 나타난 성도들의 체험을 눈여겨보며 기본 패턴이 서로 일치한다는 사실을 알아차렸을 것입니다. 어떤 예를 들든 그들의 체험은 정확히 일치합니다. 성경 어디를 펼치든 그들이 동일한 체험을 하고 있다는 사실이 놀랍지 않습니까? 그뿐만이 아닙니다. 찬송가를 펼치면 그리스도 안에서 진정으로 하나님의 은혜를 체험한 찬송 작가들이 하나같이 동일한 고백을 하고 있음을 우리는 알게 됩니다. 그들이 어느 교단에 속해 있느냐는 중요하지 않습니다. 복음을 통해 거듭남을 체험하는 일은 국경과 시대를 초월해 동일합니다. 그런 까닭에, 찬송가에 나타나는 이 위대한 작가들은 동일한 것을 증언하며 간증합니다. 거듭 말씀드리지만, 지난 세기에 살았던 성도들의 전기를 읽더라도 동일한 체험이 되풀이되고 있음을 발견하게 될 것입니다. 마르틴 루터는 오직 믿음으로만 구원을 얻는다는 이신칭의(以信稱義)의 핵심 교리와 구속의 복음적 교리를 고생 끝에 깨달았는데, 성 어거스틴이 자신보다 대략 11세기 앞서 이 두 교리를 언급했었다는 사실을 알게 되었습니다. 루터는 어거스틴이 이미 오래전에 기록한 것을 뒤늦게 발견하고서는 뒤통수를 세게 얻어맞은 기분이었습니다! 동일한 체험을 한 성도들은 이 외에도 많습니다. 이러한 사실은 너무도 중요하기에 우리는 매우 주의 깊게 살펴볼 필요가 있습니다.

바꾸어 말하면, 여기에 우리의 유일한 기준이 있습니다. 중요한 것은 인간의 생각이 아니라 성경의 가르침입니다. 사람들은 그리스도인이 갖추어야 할 것에 대해 나름대로 생각이 있습니다. 사람들은 이 문제에 대해 서로 의견을 나눌 때, "내 생각은 말이야" 하고 말합니다. 그리고 자신의 생각을 말하기 때문에 그것이 틀림없이 사실일 거라 확신합니다. 그러나 분명한 것은 그리스도인이 갖추어야 할 것에 대한 궁극적이며 최종적인 기준은 이 성경 말고는 절대 없다는 사실입니다. 이 성경을 떠나서 우리가 기독교에 대해 무엇을 알 수 있다는 말입니까? 우리가 무슨 권리로 "내 생각에는 그리스도인이 되는 길이 여기에 있는 것 같아"라고 말할 수 있습니까? 분명 이 성경은 우리에게 있어 유일한 구속력이자 권위입니다. 성경을 읽지 않고서는 예수님에 대해 도무지 알 수 없으며, 성경의 가르침을 떠나서는 기독교적 체험이 이렇다 저렇다 주장할 수 있는 근거를 상실합니다. 여기, 유일한 시금석이자 유일한 기준이 있습니다. "예수 그리스도 외에는 하나님을 알 길이 전혀 없다"는 루터의 말을 여러분에게 거듭 전합니다. 성경을 읽지 않고서는 아무것도 알 수 없으며, 성경을 읽고 나면 언젠가 유한한 이 세상을 떠나 틀림없이 하나님을 대면하여 볼 것이라는 사실을 알게 됩니다. 그리고 두려움과 공포와 떨림과 전율과 궁극적 파멸을 맛보지 않고서도 그분을 직접 뵐 수 있는 유일한 길을 발견하게 됩니다. 그것은 바로 하나님께서 자신의 말씀인 성경을 통해 하시는 말씀 앞에 즉각 무릎을 꿇는 것이며, 독생자이신 우리 주 예수 그리스도를 믿는 것이며, 그분께 우리 자신과 우리 생명을 바치는 것입니다. 만일 우리가 그렇게 한다면, 우리의 죄를 시인한다면, 우리가 용서받아야 할 존재임을 깨닫고 그리스도와 그분이 이루신 사역을 통해 용서받을 수 있다고 믿는다면, 우리가 거듭나게 해달라고 빌고 기도한다면, 그리고 응답이 이루어진다면, 그때 비로소 그런 일들이 우리에게 일어날 것이라고 말씀드립니다.

바꾸어 말해, 저는 지금 그리스도인이냐 아니냐를 판가름하는 시금석 이야기를 하려는 것입니다. 가령, 자신이 그리스도인이라고 생각하고 그렇게 믿은 어떤 사람이 이 땅에서의 오랜 삶을 마치고 무서운 심판대 위에 섰는데, 자신이 결코 그리스도인이 아니었다는 사실이 드러난다면 이보다 더 끔찍한 일이 어디 있겠습니까? 예수 그리스도께서 친히 엄중하게 하신 말씀을 들어보시기 바랍니다. "그날에 많은 사람이 나더러 이르되, 주여 주여 우리가 주의 이름으로 선지자 노릇 하며 주의 이름으로 귀신을 쫓아내며 주의 이름으로 많은 권능을 행하지 아니하였나이까 하리니, 그때에 내가 그들에게 밝히 말하되 내가 너희를 도무지 알지 못하니 불법을 행하는 자들아 내게서 떠나가라 하리라"마 7:22-23. 사람이 이 세상에서 육신을 입고 사는 동안 가장 중요한 것은 자신이 그리스도인임을 확실히 아는 것이라고 저는 생각합니다(그리고 이 때문에 저는 복음 설교자가 되었습니다). 그것만이 유일한 안전지대요, 그것만이 유일한 피난처입니다. 그리고 이 시편을 깊이 살펴보면서 우리는 우리 자신에게 적용할 수 있는 몇 가지 시금석을 보았습니다. 이제 마지막 시금석을 알아봅시다.

회개하고 예수 그리스도를 주님으로 믿으며 거듭났을 때 나타나는 결과는 무엇입니까? 먼저 즐거움과 기쁨이 생긴다는 것입니다. 다윗은 그러한 즐거움과 기쁨을 8절에서 "내게 즐겁고 기쁜 소리를 들려 주시사 주께서 꺾으신 뼈들도 즐거워하게 하소서"라고 표현하고 있습니다. 12절에도 이와 비슷한 간구가 나옵니다. "주의 구원의 즐거움을 내게 회복시켜 주시고." 다윗은 예전에 그 즐거움을 맛보았지만 잃어버렸습니다. 그래서 그 즐거움을 되찾고 싶어 합니다. 이러한 회심 체험을 통해 거듭난 사람은 누구나 이 즐거움과 기쁨을 누립니다. 우리는 여기서 조심해야 합니다. 이 같은 그리스도인의 즐거움을 둘러싸고 적지 않은 오해가 있기 때문입니다. 다윗이 여기서 말하는 기쁨은 성경 도처에 그대로 나타나는데, 이 기쁨은 각별한 즐거움이라는 사실에 주목하십시오. 그는 지금 타고난 즐거움과 기쁨을 말하고 있는 것이 아닙니다. 기질상의 어떤 것을 말하고 있는 것도 아닙니다. 그가 말하는 즐거움은 이른바 "주의 구원의 즐거움"입니다. 그것은 특별한 즐거움입니다. 제가 애써 그러한 즐거움을 강조하는 까닭이 여기에 있습니다. 각 사람의 기질은 하늘과 땅만큼이나 다르다는 데 저는 기꺼이 동의합니다. 기질적으로 음울하며 내성적이며 가련하며 또한 불행하게 태어나는 사람이 있는가 하면, 태어날 때부터 쾌활하며 낙천적이며 또한 명랑한 사람이 있습니다. 심리학적으로 분석해 보면, 인간의 기질은 천성이 음울하고 내성적이기 이를 데 없는 유형에서부터 어떠한 형편에서든 명랑함과 즐거움과 기쁨을 잃지 않는 유형에 이르기까지 이루 헤아릴 수 없을 만큼 다양합니다. 물론 성경에는 이러한 사실이 잘 묘사되어 있지만, 성경에서 말하는 기쁨은 그러한 타고난 기질과는 전혀 무관하다는 위대한 메시지를 우리에게 전합니다. 이것은 하나님께 감사할 일입니다! 우리가 맛보는 것은 타고난 기쁨이 아니라 하나님의 구원의 즐거움입니다. 이 사실을 아는 것이 중요한 까닭은, 그리스도인이라면 누구나 이러한 즐거움을 소유하고 있어야 한다는 것과, 설령 여러분이 기질적으로 음울하다고 할지라도 언제든 이러한 특별한 즐거움을 맛볼 수 있다고 성경이 가르치기 때문입니다.

이러한 사실을 확증해 주는 사례 하나를 들어 볼까요? 어떤 심리학자라도 사도 바울이 날 때부터 기질적으로 쾌활과는 거리가 먼, 그야말로 우울하고 내성적이기 이를 데 없는 사람이었다는 제 말에 동의할 것입니다. 그러나 한편으로 사도 바울처럼 하나님의 구원의 기쁨을 크게 맛본 사람은 일찍이 없었습니다. 이번에는 근대에 살았던 존 웨슬리 목사님을 예로 들겠습니다. 여러분은 아무리 상상의 나래를 펴더라도 존 웨슬리만큼 쾌활하고 기쁨이 넘친 사람은 없다고 생각할 것입니다. 하지만 그는 여러분의 상상과는 정반대의 인물이었습니다. 공부밖에 모르고 다소 쌀쌀맞으며 성품과 기질에 냉담한 구석이 있으며, 태어날 때부터 음울한 사람이었습니다. 하지만 그는 하나님께서 베푸시는 구원의 큰 즐거움을 맛보았고, 그것을 자랑으로 여겼으며 또한 기뻐했습니다. 이와 비슷한 사례는 무궁무진합니다. 그러니까, 하나님의 구원의 즐거움을 맛보지 못한 사람이 기질을 운운하며 "사람마다 제각각 아닌가"라고 말한다면 우스운 꼴이 될 것입니다. 저는 지금 기질에 대한 이야기를 하는 것이 아닙니다. 하나님께서 모든 이들에게 베푸시며 모든 이들에게 주시기로 예정되어 있다고 성경에서 말하는, 구원의 즐거움에 대해 이야기하고 있습니다. 예를 들어, 베드로전서 1:8에서 베드로는 그리스도인들에게 편지를 보내면서 그들에게 기뻐하라고 권면합니다. "예수를 너희가……이제도 보지 못하나 믿고 말할 수 없는 영광스러운 즐거움으로 기뻐하니." 그들 모두가 그렇다는 것입니다. 베드로는 "너희 가운데 성격이 밝고 쾌활한 몇 사람이 즐거움으로 기뻐하니"라고 말하지 않습니다. 우리 모두가, 모든 사람이, 모든 그리스도인이 기뻐한다는 것입니다.

그렇다면 이런 질문을 하나 드려야겠습니다. 여러분은 이 같은 즐거움·희열·기쁨에 대해 아는 바가 있습니까? 참되며 복음적인 거듭남의 체험이 있는 사람이라면 틀림없이 이러한 기쁨을 맛보게 될 것이라고 제가 앞서 말씀드린 기억이 납니다. 혹 여러분 가운데 이러한 사실과 제가 아주 현실적으로 말씀드리는 것이 마땅찮게 여겨진다면 이런 식으로 설명해 보겠습니다. 사람들이 이러한 즐거움과 기쁨을 맛보지 못하는 분명한 원인들이 있습니다. 몇 가지를 살펴볼 텐데, 그중 첫째는 당연히 죄입니다. 죄는 다윗이 겪었던 고통의 주범이었습니다. 다윗은 "하나님이여, 내 속에 주의 구원의 즐거움을 회복시켜 주소서"라고 탄원합니다. 그는 어쩌다 그 즐거움을 잃어버렸을까요? 간음을 하고 사람을 죽이고, 앞서 말씀드린 대로, 그 밖의 여러 가지 죄를 지었기 때문이었습니다. 사랑하는 성도 여러분, 이 점에 대해서는 왈가왈부할 필요가 없을 것입니다. 가슴 아픈 일이지만, 우리 모두는 그러한 사실을 뼈저리게 경험했습니다. 우리가 죄를 지으면 하나님과의 깊은 교제는 깨지고 맙니다. 남는 것은 언제나 비참함과 괴로움뿐입니다. 하나님의 축복에는 언제나 몇 가지 조건이 따릅니다. 우리는 그분을 사랑해야 합니다. 하나님께서는 우리에게 하나님 자신을 사랑하라고 호소하십니다. 하나님께 복종하려고 하지 않기 때문에 비참하게 살아가는 그리스도인들을 저는 많이 알고 있습니다. 두 마리 토끼를 잡을 수는 없습니다. 사도 바울의 이야기를 다시 읽어 보십시오. 그가 놀라운 기쁨을 맛보았음을 알게 될 것입니다. 성인들과 그들을 전율케 했던 체험이 담긴 전기들을 읽어 보십시오. 우리라고 그런 체험을 하지 말라는 법이 있습니까? 그들이라고 해서 우리와 특별히 다를 바 없습니다. 사실 그렇습니다. 자신이야말로 "죄인 중의 괴수"라고 고백한 바울을 보면 알 수 있지 않습니까? 그랬던 그가 어떻게 그런 즐거움을 맛보았을까요? 비결의 핵심은 그가 죄를 피했으며, 그리스도 안에서 하나님께서 자신을 부르신 대로 살아 냈다는 것입니다. 죄는 언제나 즐거움을 앗아 갑니다. 그러니 우리는 항상 조심해야 할 것입니다.

그러나 또 다른 이유도 있습니다. 그것은 구원의 길에 대한 이해 부족입니다. 그리스도인이 되기를 바라는 사람도 많고, 성경을 읽고 성인들의 전기를 접하면서 발견한 그 즐거움을 맛볼 수만 있다면 자신의 모든 것을 내놓겠다고 하는 사람도 많습니다. 하지만 그들은 이렇게 한탄합니다. "그런데 말이야, 나에게는 그런 즐거움이 찾아올 것 같지가 않아. 그것을 달라고 애타게 기도도 했었지. 내가 바라는 건 오로지 그거 하나인데, 도무지 가망이 없어 보여. 잡으려 하면 홀쩍 사라지니 말이야." 글쎄요, 구원에 이르는 길이나 수단에 대해 아는 것이 하나도 없거나 잘못된 가르침을 받아서 이런 일이 생길 때가 더러 있기는 합니다. 그들은 이런 사실을 까맣게 모른 채 아직도 자신을 믿거나 자신의 노력에 기대고 있습니다. 복음이 이처럼 단순하다는 사실도, 하나님 앞에 나아갈 때는 빈손으로 가야 한다는 사실도, 자신이 무력하다는 사실도, 구원의 즐거움이 하나님의 선물이라는 사실도 그들은 깨닫지 못하고 있습니다. 자력으로 그리스도인이 되려고 애쓰는 한, 구원의 즐거움은 영영 맛볼 수 없을 것입니다. 거듭 말씀드리지만, 이 문제는 복잡하게 생각할 필요가 없습니다! 우리 모두는 하나님께 죄를 지었습니다. 우리로서는 결코 죄를 없애거나 얼룩을 제거할 수 없습니다. 지난 과거에 대해 우리는 어떻게 손을 쓸 수 없습니다. 우리는 현재에도 실패하고 미래에도 실패할 것입니다. 그렇다면 하나님을 뵙고 그분의 용서를 구하는 길이 있을까요? 있습니다. 오, 하나님께서 우리에게 용서를 즉각적인 선물로 주신다는 것, 그리스도 안에서 모든 일이 성취되었다는 것, 그리스도께서 우리 죄를 대속하기 위해 돌아가셨다는 것, 하나님께서 십자가에서 우리의 죄를 해결하셨기에 우리가 이 선물을 거저 받는다는 것, 이것이 바로 해결책입니다. 이제 우리는 이 문제의 핵심을 보게 됩니다. 여러분은 이제 그 어느 것도 기다릴 필요가 없습니다. 여러분의 현재 모습 그대로, 지금 이 순간 여러분이 있는 곳에서 그냥 그 선물을 받기만 하면 되는 것입니다.

오늘날 많은 사람들이 이 사실을 깨닫지 못합니다. 그들은 "내가 그리스도인이라고 말할 수 있으려면 우선은 지금보다 나은 사람이 되는 것이 순서지"라고 말합니다. 이는 용서의 교리 전체를 부인하는 것입니다. 이 교리에 의하면 용서는 아무런 조건 없이 하나님께서 단번에, 즉각적으로 우리에게 주시는 것입니다. 하나님은 우리의 복종 외에 그 어느 것도 요구하지 않으십니다. 용서란 하나님께서 거저 주시는 선물입니다. 그 선물을 언제든 받을 수 있다는 사실을 깨닫지 못해 구원의 즐거움을 맛보지 못하는 사람이 한 사람도 없었으면 좋겠습니다. 하나님은 우리에게 아무것도 요구하지 않으십니다. 다만 그 선물을 지금 받기를, 그분의 말씀을 믿기를 요구하십니다. 아, 이런 사실을 깨닫지 못해 스스로 그 즐거움을 버린다는 것은 슬픈 일입니다!

이에 대한 좋은 사례가 하나 있습니다. 루터는 자신의 노력으로 그리스도인이 되기 위해 애를 썼습니다. 그러나 자신의 힘으로 그리스도인이 되려고 애를 쓰는 사람이 늘 그렇듯이 그 역시 좌절감을 맛보고 말았습니다. 일이 뜻대로 되지 않았기 때문입니다. 바로 그때, 그리스도 안에 있는 하나님의 이 같은 부요함은 우리에게 거저 주시는 선물이며 인간은 믿음으로 그것을 받기만 하면 된다는, 복된 진리가 퍼뜩 머리에 떠올랐습니다. 하나님께서 그리스도 안에서 이미 루터 자신을 의롭게 하셨다는 것입니다! 순식간에 모든 문제가 풀리면서 루터에게 말할 수 없는 기쁨이 밀려왔습니다. 교회사를 살펴보면 이 같은 체험을 한 성인들이 부지기수입니다.

구원과
새 생명

못사람들이 이러한 구원의 즐거움을 맛보지 못하는 세 번째 이유는, 그들이 주님이 아니라 자신만을 바라보는 일에 몰두하기 때문입니다. 그들은 스스로 완벽함의 기준을 설정합니다. 가슴 아픈 사례 하나가 떠오릅니다. 제가 아는 믿음이 아주 깊은 어떤 사람에게 빼어난 두 딸이 있었습니다. 중년에 접어든 그들은 어떤 의미에서 자나 깨나 하나님을 기쁘시게 하는 일에만 몰두했습니다. 하지만 둘 다 교회에 등록하거나 성찬식에 참여한 적은 단 한 번도 없었습니다. 그들의 삶과 행동을 보면 조금도 흠잡을 데 없지만, 그들은 단 한 번도 교회에 등록하거나 떡과 포도주를 떼는 일에 참예하지 않았습니다. 왜 그럴까요? 자신들이 그렇게 선한 사람이 아니라고 여겨서 그랬다는 것입니다. 그들의 문제가 무엇입니까? 그리스도께서 이루신 최종적이며 완전한 업적 대신에 자신을 바라보았다는 것입니다. 자신을 들여다볼 때 비참한 심정이 드는 것은 당연합니다. 마음이 부패할 대로 부패했기 때문입니다. 아무리 뛰어난 성인이라도 자신을 바라보면 실망하게 되어 있습니다. 있어서는 안 될 것들이 눈에 보이기 때문입니다. 여러분과 제가 자기 자신만을 바라보는 데 온통 시간을 쏟는다면 즐거움은 사라지고 괴로움만 남을 것입니다. 자기 점검self-examination은 더없이 좋은 것이지만 자기반성introspection은 좋지 않은 것입니다. 이 둘이 어떻게 다른지 보겠습니다. 성경에 비추어 자신을 점검할 때 우리는 그리스도를 지향하게 됩니다. 하지만 자기반성을 할 때 우리는 끊임없이 자신을 바라보게 되는데, 여기서 드러나는 마음속의 불순물을 제거하기 전에는 우리는 결코 행복할 수 없습니다. 자유케 하시는 주님을 바라보지 않고 우리 자신을 바라보는 것은 비극입니다!

우리 같은 미천한 피조물이 구원의 즐거움을 맛볼 수 있다는 사실이 놀랍지 않습니까? "주의 구원의 즐거움을 내게 회복시켜 주소서"라는 다윗의 탄원이 담대하다고 생각하지 않습니까? 간음한 자, 살인자, 거짓말쟁이며 그 밖의 많은 죄를 지은 자의 입에서 이런 기도가 터져 나옵니다. "주의 구원의 즐거움을 내게 회복시켜 주소서." 다윗과 같은 사악한 죄인이 과연 즐거움을 되찾을 수 있을까요? 그것이 가당키나 한 소리입니까? 하나님께 감사드립시다! 그런 일을 가능케 하시며 저로 하여금 여러분에게 이 복음을 전하게 하셨으니, 이것이야말로 놀라운 구원의 영광입니다. 복음은 절망의 깊은 구렁텅이에 빠졌던 인생에게 즐거움을 주되, 이루 말할 수 없는 즐거움과 기쁨을 누리게 합니다. 복음이 바로 그렇게 합니다. 복음은 가장 악한 사람이라도 용서와 죄 사함의 확신을 주어 즐거움과 기쁨을 맛보게 합니다. 하나님께 감사하노니, 그분만이 우리 죄를 사하십니다! 하나님은 우리 죄를 용서하실 뿐더러 또한 그 사실을 알게 하십니다. 그렇게 되면 우리는 죄책감과 좌절감을 떨쳐버릴 수 있습니다. 하나님만이, 오직 하나님만이 그렇게 하실 수 있습니다. 그러므로 죄와 타락의 깊은 구렁텅이에 빠졌던 사람이라 할지라도 하나님의 크신 구원으로 인해 기뻐할 수 있는 것입니다.

말씀드릴 필요도 없겠지만, 하나님은 죄인에게 새로운 성품을 입히시고 새 출발을 한다는 의식을 불어넣으심으로 그렇게 하십니다. 남은 생애를 예전의 삶을 그대로 답습하면서 살아야 한다는 생각이 들 때 참된 기쁨과 행복을 느낄 수 있는 사람은 한 사람도 없습니다. 그 사람은 "지난 일을 후회하면서도 저는 그대로 답습하고 있습니다. 아무리 생각해도 저라는 인간은 불쌍하고 비참한 존재입니다"라고 한탄할 뿐입니다. 그러나 이제 새로운 성품, 새로운 출발, 새로운 시작이 기다리고 있습니다. 그것은 예수 그리스도의 복음입니다. 그분이 우리를 새롭게 창조하시고, 우리 안에 하나님의 성품을 새롭게 입히시겠다고 약속하시기에 우리는 새 삶을 시작하게 됩니다. 뿐만 아니라 진정으로 구원받을 수 있다는 확신이 뒤를 따릅니다. 그리스도인은 "매순간 주님이 필요합니다. 제 곁에 계십시오"라고 고백합니다. 왜 그럴까요? "주께서 옆에 계시면 유혹은 그 힘을 잃고 사라집니다." 저는 주께서 제 곁에 계시며 그분이 사탄보다 훨씬 더 강력한 분이라는 확신이 듭니다. 그분은 사탄을 이기셨으며 저 역시 이기게 하십니다.

우리가 주님을 힘입어 즐거워하며 기뻐할 수 있는 것은, 그분이 우리로 하여금 우리 자신의 비참하며 불쌍한 모습을 잊게 해주시기 때문입니다. 그것이야말로 이 세상에서 가장 멋진 것 중 하나입니다. 아시다시피, 다윗과 같이 끔찍한 죄를 저지른 사람이 여기 있습니다. 이제 그가 자신을 바라본다면 절망의 깊은 나락으로 떨어지고 말 것입니다. 하지만 그가 하나님을 힘입어 그리스도를 바라본다면 그분의 사랑과 동정과 자비를 발견하게 될 것입니다. 여러분이 그렇게 할 때 여러분의 자아가 죽고 여러분 자신을 잊게 됩니다. 그것만이 제가 알고 있는, 자신을 잊을 수 있는 유일한 방법입니다. 복음서에 따르면, 우리가 기뻐할 수 있는 길은 주 예수 그리스도를 바라보는 것입니다. 여러분도 아시다시피 하나님의 아들이 여러분의 죄를 사하기 위해 하늘 보좌를 버리고 이 땅에 오셨습니다. 여러분은 주께서 영광스러운 저 하늘에서 여러분을 지켜보시며 자신의 기이한 빛과 권능과 힘을 여러분에게 쏟아부어 주실 준비를 하고 계심을 믿음의 눈으로 볼 수 있습니다. 주님의 사랑과 연민을 생각할 때 여러분 자신과 죄를 잊을 수 있으며, 그때 비로소 주님을 기뻐하고 찬양하게 됩니다. 이렇게 해서 여러분에게 주님의 위대한 구원의 즐거움이 일어납니다. 여러분은 하나님의 구원의 즐거움을 알고 있습니까? 주님 안에서 기뻐하며, 그리스도 안에서 즐거워한다는 것이 무슨 뜻인지 알고 있습니까?

그리스도인의 두 번째 특징은 언제나 **자아를 철저하게 불신하고 하나님의 능력을 깨닫는다**는 것입니다. 다윗은 "내 속에 정한 마음을 창조하시고 내 안에 정직한 영을 새롭게 하소서"라고 탄원하고 있습니다. 이 탄원이 흠정역 개역판^{Revised Version}의 난외(欄外)에는 "내 안에 **흔들리지 않는**^{steadfast} 영을 새롭게 하소서"라고 되어 있습니다. 아시다시피, 다윗은 자신의 영이 확고하지 않음을 자각하고 있었던 것입니다. 그가 그렇게 느끼는 것도 무리는 아닙니다. 하나님의 축복을 누렸고 주님의 즐거움을 맛보았던 다윗이 이같이 끔찍한 죄를 범하고 말았습니다. 때문에 그는 이처럼 새롭게 해달라고, 자신의 영이 한결같이 해달라고 애원하고 있습니다. 그리스도인이라면 누구나 이 탄원이 무엇을 뜻하는지 알 것입니다. 그리스도인은 자신을 의지하는 사람이 아니라 자신의 약함을 깨닫는 사람입니다. 그리스도인은 자신의 마음이 악하고 본성이 연약하다는 것을 알고 있습니다. 유감스럽게도, 자신이 뭐든 할 수 있다고 믿고 그렇게 행동하는 그리스도인이 있습니다. 그는 회심을 체험했으며, 이제는 지옥이든 사탄이든 어떤 악의 세력이든 맞설 수 있다고 생각합니다. 가엾은 사람, 그는 얼마 못 가 자신감을 잃고 맙니다. 이런 사람을 두고 사도 바울은 "그런즉 선 줄로 생각하는 자는 넘어질까 조심하라"고 훈계했습니다고전 10:12. 그리스도인은 자신의 약함을 깨닫고, 그것을 안타까워합니다. 그렇기 때문에 그는 흔들리지 않는 영을, 신뢰할 만한 영을 달라고 기도합니다. 그리스도인은 견고한 사람이 되고 싶어 합니다.

그다음 특징은 무엇입니까? "주의 구원의 즐거움을 내게 회복시켜 주시고……나를 붙드소서." 다윗은 "나를 붙드소서. 나로서는 어찌할 수 없습니다"라고 고백합니다. "나를 세우소서. 나는 유혹에 빠지기 쉽고 연약합니다. 이 세상은 어둡고 죄로 물들었습니다. 사방을 둘러보니 온통 나를 유혹하며 꼬드기며 죄에 빠지게 하는 세력뿐입니다. 넘어질까 두렵습니다. 주님, 저를 붙들어 주소서." 하나님이 붙들어 주시지 않으면 쓰러질 수밖에 없는 사람, 그가 곧 그리스도인입니다.

흠정역에는 다윗의 마지막 간구가 "주의 구원의 기쁨을 내게 회복시키시고 주의 자원하는 영으로^{with thy free spirit} 나를 붙드소서"라고 표현되어 있습니다. 여기서 "주의 자원하는 영으로"라는 번역보다는 "자원하는 심령을 주사"라는 번역이 더 낫다고 사람들은 말합니다. 바꾸어 말해, 다윗은 이렇게 기도하고 있는 것입니다. "주님, 내게 자원하는 심령을 주소서. 그러면 내가 주께서 내리시는 명령이라면 어느 것이든 따르겠습니다. 주님의 명령을 기꺼이 따르겠사오니, 주의 구원의 즐거움을 내게 회복시켜 주시고 자원하는 심령, 올바른 심령을 주사 나를 붙드소서." 물론 그리스도인들은 이 모든 것이 한 가지 방식, 곧 다윗이 "나를 주 앞에서 쫓아내지 마시며 주의 성령을 내게서 거두지 마소서"라고 간구했던 방식으로만 가능하다는 것을 알고 있습니다. 다윗은 자신의 죄로 인해 하나님께서 등을 돌리지 않으실까 몹시 두려웠던 것입니다. 그러므로 이렇게 울부짖습니다. "주님, 나를 주 앞에서 쫓아내지 마시며 주의 성령을 내게서 거두지 마소서." 달리 말씀드리면, 그리스도인들은 이런 사실을 깨닫습니다. 자신의 삶을 굳건히 세우며 누군가 자신을 붙들어 주어야 할 필요가 있을 때, 자신에게 자원하는 심령이 필요할 때, 해답은 오직 하나입니다. 곧, 성령을 선물로 받는 것입니다. 하나님께 감사하노니, 또 다른 해답은 신약성경의 복음입니다. 하나님은 우리에게 자신의 영을 부어 주셨습니다. 이 하나님의 영은 우리가 흔들리지 않도록 해주시며, 우리를 붙들어 주시며, 자원하는 마음을 주시며, 하나님의 명령에 따라 어딘든 기꺼이 갈 수 있도록 해주십니다. 그리스도인의 확신은 결코 자신에게 있지 않습니다. 하나님께서 그리스도 안에서, 그리스도를 통해 주신 성령의 능력에 있습니다.

마지막으로 이 말씀을 드리고 싶습니다. 그리스도인이 나타내는 마지막 특징은, 자신이 이제 **하나님의 영광을 위해 살기를 간절히 바라며, 다른 모든 사람도 그렇게 살기를 갈망한다**는 것입니다. 13-15절에 나타난 다윗의 다짐을 들어보시기 바랍니다. "그리하면 내가 범죄자에게 주의 도를 가르치리니 죄인들이 주께 돌아오리이다. 하나님이여, 나의 구원의 하나님이여, 피 흘린 죄에서 나를 건지소서. 내 혀가 주의 의를 높이 노래하리이다. 주여, 내 입술을 열어 주소서. 내 입이 주를 찬송하여 전파하리이다." 우리는 여기서 이 문제로 씨름할 필요가 없습니다. 하나님께서 은혜 가운데 자신의 죄를 사하시고, 죄과를 지워 주시고, 자신을 말갛게 씻으시며, 죄를 깨끗이 제하여 주셨음을 깨닫는 사람이 있습니다. 자신이 얼마나 죄악된 삶을 살아왔으며 하나님께서 주신 은혜와 생명이 얼마나 놀라운 것인지를 깨닫는 사람이 있습니다. 이 사람은 육신을 입고 이 땅에 사는 동안 이루어야 할 사명이 하나 있는데, 그것은 바로 하나님의 영광을 위해 사는 것이라고 확신합니다. 그렇게 생각하지 않는 사람이라면 경멸받아 마땅합니다. 제가 이 강단에서, 하나님께서 저를 대속하시기 위해 독생자를 보내셔서 갈보리의 저 참혹한 십자가에서 죽게 하셨으며, 하나님이 저를 극진히 사랑하셔서 그렇게 하셨음을 믿는다고 말하면서도, 제가 하나님의 영광을 위해 살고 싶은 마음이 없다면 저는 인류 역사상 가장 배은망덕한 자가 되고 말 것입니다. 이점에 대해서는 더 이상 언급할 필요가 없습니다. 어떤 이가 여러분에게 친절을 베푼다면, 여러분은 고마운 마음에 이렇게 말할 것입니다. "혹시 제가 뭐 도와드릴 일은 없을까요? 어려운 일이 생기면 알려 주세요. 생각해 보니 제가 당신에게 신세를 많이 졌군요. 어떤 일이든 도와드리고 싶습니다." 보십시오! 여기, 자신의 독생자를 희생시키면서까지 우리의 몹쓸 죄를 사해 주신 거룩하신 하나님이 계십니다. 세상 사람들에게 거룩해지라고 애원할 필요가 없습니다. 그저 하나님께서 하신 일을 전하고, 나머지는 그들의 덕의심(德義心)에 맡기기만 하면 됩니다.

다윗은 "주의 구원의 즐거움을 내게 회복시켜 주시고 자원하는 심령을 주사 나를 붙드소서. **그리하면** 내가 범죄자에게 주의 도를 가르치리니 죄인들이 주께 돌아오리이다"라고 다짐합니다. 다윗은 또 이렇게 다짐합니다. "시간이 날 때마다 주님을 찬양하고 주님의 영광을 선포할 것이다. 사람들을 주께로 인도해야겠다. 그들을 이전과는 다른 눈으로 보아야겠다. 죄에 빠져 인생의 가장 귀하고 놀라운 것을 보지 못했던 예전의 나를 보듯 말이다. 그들에게 이렇게 권면해야겠다. '하나님께 나아와 자신이 죄인임을 깨닫고 그분을 믿으십시오. 그리하면 이같이 놀라운 기쁨, 하나님의 붙드심과 능력, 그리고

구원과
새 생명

필요한 모든 것을 얻을 것입니다.'" **"그리하면"**, 모든 그리스도인이 피할 수 없는 것이 바로 이 "그리하면"입니다. 그리스도인이란 달리 표현하면, 자신의 적나라한 모습을 직면한 후 하나님의 풍성한 은혜를 체험해 다른 사람들도 자신과 같게 되기를 바라는 사람입니다. 그리스도인이란, 몇 년 동안 고통스러운 병으로 괴로워하던 어떤 환자가 이 나라 저 나라를 수소문하면서 용하다는 의사들에게 치료를 받았으나 효험을 보지 못하다가 우연한 기회에 치료를 받았는데 거기서 병 고침을 받고 회복된 사람에 비유할 수 있습니다. 이제 이 사람은 어떻게 하고 싶을까요? 자신과 같은 처지에 놓인 환자들에게 비법을 전하고 싶을 것입니다. 그들에게 알려 주어야 한다는 의무감 때문일 것입니다. 자신과 비슷한 처지의 환자를 만나면 이렇게 권면할 것입니다. "혹시 이 방법은 써 보셨나요? 신기하게 잘 들더군요. 제가 시키는 대로 한번 해보세요. 좋아지실 겁니다!" 참된 그리스도인이라면 누구나 이렇게 하지 않겠습니까? 죄에 빠져 허우적거리는 사람을 보면 안타까운 마음이 드는 사람, 그가 곧 그리스도인입니다. 기쁨을 찾으려 애쓰지만 헛수고로 끝나고 고장 난 물탱크에서 물을 퍼 올리려다 뜻을 이루지 못하는 가련한 이 세상에 대해, 그리스도인은 안타까움을 느낍니다. 죽음과 종말을 향해, 심판과 영원한 죽음을 향해 치닫고 있는 사람들을 보면 그리스도인은 가슴이 찢어지는 듯합니다. 그리스도인은 사탄에 의해 눈이 어두워져 이 세상에서 가장 영광스러운 것을 보지 못하는 사람들에게 그것을 알리고 싶어 합니다. 가장 큰 영광을 가졌으므로 그리스도인은 다른 이들도 그것을 소유할 수 있도록 힘써 도울 것입니다.

　우리는 지금까지 그리스도인의 몇 가지 특징을 살펴보았습니다. 성도 여러분, 앞서 말씀드렸지만, 거듭 말씀드립니다. 이 세상에서 가장 중요한 질문은 바로 이것입니다. "여러분은 그리스도인입니까? 여러분은 과연 이러한 기쁨에 대해 아는 바가 있습니까? 여러분은 성령의 능력에 대한 이러한 절대적 확신에 관해 아는 바가 있습니까? 여러분에게는 다른 사람들에게 나누어 주었으면 하는 그 무엇이 있습니까?" 이처럼 간단한 질문을 통해 여러분이 그리스도인인지 아닌지를 테스트할 수 있습니다. 여러분이 이러한 질문에 "예"라고 대답한다면, 하나님의 축복이 계속 임하기를 축원합니다. 만일 그렇지 않다면, 이처럼 간단한 질문에 마음이 찔린다면, 그리고 자신에게 그리스도인다운 면면이 전혀 없다는 생각이 든다면, 저는 여러분에게 이런 권면을 드립니다. 하나님께 나아와 이 사실을 고백하십시오. 지체하지 마십시오. 인생을 잘못 살아왔다고, 그리스도인이 아니었음을 깨달았다고 그분께 아뢰십시오. 이제 그리스도인이 되고 싶다고, 성령의 빛을 비추어 달라고 하나님께 간구하십시오. 이렇게 하는 것은 그다지 어려운 일이 아닙니다. 죄를 고백하고 죄과를 시인하며 그리스도 안에서 용서해 달라고 간구하면, 하나님께서 들어주실 것입니다. 이제, 그분께 감사드리며 어둠과 죄악 가운데 헤매는 뭇 영혼들에게 가서 하나님을 전하시기 바랍니다. 아멘.